MANUAL
DE

PREDICACIÓN
EXPOSITIVA

RECUERDA LO QUE HAS APRENDIDO

Luis M. Contreras

Editorial CLIE
www.clie.es

EDITORIAL CLIE
C/ Ferrocarril, 8
08232 VILADECAVALLS
(Barcelona) ESPAÑA
E-mail: clie@clie.es
http://www.clie.es

MANUAL DE PREDICACIÓN EXPOSITIVA
ISBN: 978-84-19055-31-6
Depósito Legal: B 23536-2022
Ministerio cristiano
Predicación
REL080000

Acerca del autor

Luis M. Contreras es graduado de The Master´s University and Seminary. Fue ordenado y enviado por Grace Community Church, como misionero a la Ciudad de México, donde trabajó como profesor en el Seminario Bíblico Palabra de Gracia y como pastor-maestro de la Iglesia Cristiana de la Gracia. Luis formó parte del equipo que tradujo la Biblia de estudio MacArthur al español, sirviendo también como corrector del proyecto. También ha estado trabajando en traducciones al español durante más de 25 años para el ministerio del Pastor John MacArthur, Grace To You (Gracia a Vosotros). Forma parte del Consejo de ancianos de Grace Community Church y sirve al grupo de habla hispana de la misma iglesia, como parte del equipo pastoral. Está casado con Robin y tienen 3 hijos: Olivia, Rodrigo y Ana.

Contenido

Abreviaturas

AT	Antiguo Testamento
BECNT	Baker Exegetical Commentary on the New Testament
BHS	*Biblia Hebraica Stuttgartensia. Edited by K. Elliger and W. Rudolph. Stuttgart, 1983*
BSac	*Bibliotheca Sacra*
CHALOT	*Concise Hebrew and Aramaic Lexicon of the Old Testament*
CBQ	*Catholic Biblical Quarterly*
EBC	The Expositors Bible Commentary
ExpTim	*Expository Times*
HTR	*Harvard Theological Review*
Int	*Interpretation*
ICC	International Critical Commentary
JAOS	*Journal of the American Oriental Society*
JBL	*Journal of Biblical Literature*
JETS	*Journal of the Evangelical Theological Society*
JSOT	*Journal for the Study of the Old Testament*
LQ	*Lutheran Quarterly*
NAC	New American Commentary
NICNT	New International Commentary on the New Testament
NICOT	New International Commentary on the Old Testament
NIDOTTE	*New International Dictionary of Old Testament Theology and Exegesis*
NIGTC	New International Greek Testament Commentary
NIVAC	NIV Application Commentary
NT	Nuevo Testamento
NTC	New Testament Commentary
RVR60	Reina-Valera versión de 1960
TJ	*Trinity Journal*
TJPP	*The Journal of Pastoral Practice*

MSJ	*The Master's Seminary Journal*
TWOT	*Theological Wordbook of the Old Testament. Edited by R. L. Harris, G. L. Archer Jr. 2 vols. Chicago, 1980*
UBS4	*K. Aland et. al. (eds.), United Bible Societies Greek New Testament, 4th ed.*
VT	*Vetus Testamentum*
WBC	Word Biblical Commentary
WTJ	Westminster Theological Journal
ZNW	Zeitschrift für die neutestamentliche Wissenschaft

Introducción

El propósito del libro

Este libro ha sido escrito con el propósito de ayudar a todo cristiano, en el área más importante de su vida diaria: crecer en la gracia y el conocimiento de nuestro Señor y Salvador Jesucristo (2Pe 3:18), al estudiar y aplicar correctamente las Escrituras. Para el cristiano en general, este libro puede ser un maestro que le enseñe principios básicos para aprender a estudiar y aplicar la Palabra de Dios a su vida cotidiana. Para el maestro y predicador de la Biblia, este libro puede ser un consejero que le ayude en el proceso de estudio y preparación de lecciones y sermones, que proclamen fielmente la Palabra de Dios. Y para el pastor y profesor egresado de seminario, este libro puede ser un amigo al que puede acudir continuamente, para mantenerse fiel al legado que ha recibido y ayudar a otros hombres fieles que sean idóneos para enseñar también a otros (2Ti 2:2).

Después de observar y vivir durante muchos años los desafíos que todo cristiano, pastor, maestro bíblico y profesor enfrentan, he seleccionado las áreas en las que creo que necesitan más ayuda. Estas áreas son desarrolladas a lo largo del libro y se enfocan en varios aspectos de la predicación, junto con un fuerte énfasis en las características más significativas de Gramática y Exégesis hebrea y griega. A lo largo del libro se le recuerda al lector los recursos claves que están disponibles en español y que usó durante su preparación. De esta manera, el libro alienta al cristiano y maestro de las Escrituras a aplicar y refinar lo que puede aprender de este libro.

El desarrollo del libro

El libro ha sido desarrollado en ocho capítulos. Cada capítulo ha sido diseñado para que sea lo más accesible posible, para facilitar el repaso del lector conforme estudia la Biblia o prepara su lección o sermón.

El capítulo uno presenta un panorama general de lo que impulsa la predicación expositiva. En este capítulo, el lector es llevado de regreso a los elementos básicos. El capítulo presenta el fundamento de la predicación expositiva —definiciones y ejemplos. El capítulo también incluye una sección muy importante acerca de los beneficios de un sermón expositivo y cómo se ve una hermenéutica literal, histórica y gramatical como el fundamento para la predicación expositiva.

Los capítulos dos, tres y cuatro se enfocan en el Antiguo Testamento. El capítulo dos explica por qué tendemos a predicar tan poco del Antiguo Testamento y por qué debemos predicar más de él. En el capítulo tres repasamos Exégesis hebrea, con un énfasis en los aspectos gramaticales/sintácticos claves para interpretar el Antiguo Testamento. Para concluir esta sección del Antiguo Testamento, el capítulo cuatro se enfoca en los principios hermenéuticos/exegéticos más importantes, que el lector necesita mantener en mente, conforme interpreta los diferentes géneros del Antiguo Testamento. Estos incluyen: narrativa, ley, Salmos, literatura sapiencial y profecía.

El capítulo cinco es la contraparte de los capítulos tres y cuatro porque recuerda al lector de los aspectos clave del estudio de textos del Nuevo Testamento. El capítulo se enfoca en Exégesis griega, enfatizando los aspectos gramaticales/sintácticos claves para la interpretación de textos del Nuevo Testamento. Y tal como con los capítulos tres y cuatro, el capítulo repasa los principios hermenéuticos clave que el lector debe aplicar conforme interpreta los diferentes géneros del Nuevo Testamento, tales como narrativa en los Evangelios y Hechos; las cartas y Apocalipsis.

Mientras que los capítulos dos al cinco constituyen el enfoque primordial del libro, los capítulos seis y siete se concentran en aspectos generales del sermón y su presentación. El capítulo seis se enfoca en aspectos clave del sermón expositivo y principios para identificar implicaciones prácticas. El capítulo siete le recuerda al lector la importancia de la presentación y le provee de consejos generales para ayudarle a presentar sus sermones con mayor eficacia. Finalmente, el capítulo ocho provee dos ejemplos de cómo implementar el proceso y sugerencias presentadas en los capítulos anteriores.

Capítulo I

Recuerda los elementos básicos

En Segunda de Timoteo, Pablo le recordó a Timoteo varios elementos básicos del ministerio pastoral. Timoteo debía ser fiel en la predicación y la enseñanza (1:6), valiente (1:8) y cuidadoso en preservar la sana doctrina (1:13-14). Él debía ser fuerte (2:1) conforme preparaba a hombres fieles, evitando el error y el pecado y aferrándose a la sana doctrina (2:2-26). A pesar de los tiempos difíciles que Timoteo enfrentaba, él debía predicar las Escrituras inspiradas (capítulo 3 y 4). En resumen, Pablo escribe la carta para instruirlo a que se aferrara de la sana doctrina, "defendiéndola contra todo error, y soportando aflicciones como buen soldado".[1] Ninguna de estas verdades eran nuevas para Timoteo, pero era esencial que él las tuviera frescas en su mente para ser fiel al legado que recibió de Pablo, conforme el Apóstol se acercaba a su muerte (2Ti 4:6).De la misma manera, vamos a empezar con los elementos básicos para alentar al lector a ser fiel al legado que Dios nos ha dado en las Escrituras.

Comenzar con los elementos básicos de lo que es un sermón y cómo uno interpreta las Escrituras, podría parecer innecesario para algunos lectores, pero creemos que es necesario recordar los elementos básicos, para tener presentes los factores elementales en nuestro ministerio de predicación o enseñanza bíblicos, que podrían ser pasados por alto. Mientras que podrían ser básicos, son necesarios para usar correctamente las Escrituras. Esa es la razón por la que en este capítulo comenzamos con la definición de un sermón expositivo y algunos ejemplos de exposición en las Escrituras. La última parte del capítulo se enfoca en la hermenéutica detrás del sermón expositivo y concluye con los beneficios más importantes de predicar expositivamente.

---

[1] William Hendriksen y Simon J. Kistemaker, *Exposition of the Pastoral Epistles*, NTC (Grand Rapids: Baker Books, 2002), 44.

La definición de un sermón expositivo

Mientras que algunos ven la predicación textual y expositiva como sinónimos,[2] parece más preciso ver tres categorías diferentes de predicación: tópica, textual y expositiva.[3] Conforme definimos brevemente las dos primeras, una distinción en la predicación expositiva emergerá. Mientras que la predicación tópica conecta varios versículos relacionados con un tema, la predicación textual usa un pasaje como plataforma a partir de la cual el predicador va a un tema dado. El común denominador entre ambos métodos es que no representan un "esfuerzo serio por interpretar, entender, explicar o aplicar la verdad de Dios en el contexto de la(s) Escritura(s) usada(s)".[4]

Otra manera de expresarlo es que la predicación expositiva puntualiza lo que el autor original quiso que su audiencia original entendiera y después la aplica a la audiencia contemporánea.[5] A la luz de esta definición, es posible tener sermones expositivos de tópicos —la clave es explicar la intención del autor original y aplicarla a la audiencia contemporánea. Esto no significa que cada vez que mencionas una referencia cruzada en tu predicación, debes explicar el contexto histórico y literario de ese texto para predicar expositivamente, sino que significa que debes estudiar y entender la intención del autor en dicha referencia, para que puedas interpretarla y relacionarla correctamente con el pasaje que estás predicando. Puede haber ocasiones en las que explicas más del contexto histórico y literario de tu referencia cruzada. En otras ocasiones, quizás, únicamente mencionas la referencia. Todo depende de lo que piensas que funcionará mejor en el uso de esa referencia —si estás usándola para ilustrar un punto, podría ser útil pasar algo de tiempo explicando el contexto de esa referencia. Stott nos ayuda a entender lo que es la predicación expositiva al señalar que:

> Exponer las Escrituras es extraer del texto lo que está ahí y colocarlo a la vista. El expositor abre lo que parece estar cerrado, aclara lo que es oscuro, desamarra lo que está amarrado y desempaca lo que está empacado de manera concentrada. Lo opuesto a la exposición es la 'imposición', lo cual es imponer en el texto lo que no está ahí. Pero el 'texto' en cuestión podría ser un versículo, una oración o inclusive una sola palabra. También podría ser un párrafo, un capítulo o un libro entero. El tamaño del texto no importa, siempre y cuando sea bíblico. Lo que importa es lo que hacemos con él. Sea largo o corto, nuestra responsabilidad

---

[2] Sidney Greidanus, *The Modern Preacher and the Ancient Text: Interpreting and Preaching Biblical Literature* (Grand Rapids: Eerdmans Publishing, 1988), 12.

[3] Richard L. Mayhue, "Rediscovering Expository Preaching" en *Rediscovering Expository Preaching*, ed. John MacArthur Jr. (Dallas: Word Publishing, 1992), 9.

[4] *Ibid.*

[5] Sinclair Ferguson, "Exegesis", en *The Preacher and Preaching: Reviving the Art in the Twentieth Century*, ed. Samuel T. Logan Jr. (New Jersey: Presbyterian and Reformed, 1986), 192–93.

como expositores es abrirlo de tal manera que hable su mensaje de manera clara, simple, precisa, relevante, sin añadir algo, sin quitar algo o falsificar algo. En la predicación expositiva el texto bíblico no es ni una introducción convencional a un sermón acera de un tema totalmente diferente ni un perchero convencional en el cual se cuelga una bolsa de pensamientos miscelaneos, sino un amo que dicta y controla lo que es dicho.[6]

Ejemplos de sermones expositivos en las Escrituras

A la luz de la definición anterior, identificaremos sermones expositivos a lo largo de las Escrituras. Hay varios ejemplos de exposición en las Escrituras —los veremos de manera panorámica comenzando con el Antiguo Testamento. Conforme los vemos, debemos recordar que estas son exposiciones únicas debido a que son divinamente inspiradas (2Ti 3:16). Fuera de estos ejemplos bíblicos, es obvio que nuestras exposiciones bíblicas no son inspiradas de la misma manera, pero estos ejemplos de las Escrituras establecen un patrón a seguir para los expositores en nuestro día.

El primer ejemplo de predicación expositiva que se encuentra en la Biblia está en Éxodo. Después de que Dios presentó los Diez Mandamientos en Éxodo 20, Moisés procede a explicar en detalle la aplicación práctica de los mandamientos en la vida diaria de Israel: "Estas son las leyes que les propondrás".[7] (Éx 21:1). Él le explica a Israel cómo enfrentar diferentes asuntos al aplicar el Decálogo. Esta exposición del Decálogo se encuentra en los capítulos 21–23 de Éxodo —por ejemplo, él les explica cómo enfrentar la esclavitud (21:2-11), heridas personales (21:12-14), hijos que deshonran a sus padres (21:15, 17), propiedad personal (22:1-15), y otros.

El siguiente ejemplo es de hecho una serie de sermones expositivos —se encuentra en el libro de Deuteronomio. Una vez más, Moisés es el expositor quien en este caso presenta una serie de sermones explicando y aplicando la Ley: "De este lado del Jordán, en tierra de Moab, resolvió Moisés declarar esta ley…" (Dt 1:5). La palabra "declarar", en este versículo, traduce un verbo hebreo que describe escritura aclarada en tablas de piedra —aquí es usada de manera figurada y significa "aclarar mediante explicación".[8] Esto es lo que Moisés hace en la mayor parte de libro —porque Deuteronomio está constituido por una serie de tres sermones presentados por Moisés conforme prepara a Israel para entrar en la Tierra (1:5–4:43; 4:44-49; 29:1–30:20). Él presenta estos sermones a la segunda generación del Éxodo

---

[6] John R. W. Stott, *Between Two Worlds: The Art of Preaching in the Twentieth Century* (Grand Rapids: Eerdmans Publishing, 1982), 125–26.

[7] A menos que se indique lo contrario, todas las citas de las Escrituras en este libro son de la traducción de la RVR60.

[8] Jack P. Lewis, "בָּאַר", *TWOT*, ed. Robert L. Harris (Chicago: Moody Press, 1980), 1:87.

en un período de tiempo de un mes (cp. Dt 1:3; 34:8; Jos 5:6-12), mientras acampaban al este del Jordán (Dt 1:1).[9]

Siglos más tarde, encontramos otro ejemplo de exposición en las Escrituras en Nehemías 8. Después de los 70 años de cautividad de Judá en Babilonia (Jer 25:11), los judíos regresaron a casa, a su tierra, en tres etapas —la primera registrada por Esdras 1–6 (ca. 539 a. C.); la segunda registrada por Esdras 7–10 (458 a. C.) y la tercera registrada por Nehemías (ca. 445 a. C.). Es en esta tercera etapa que encontramos a Esdras exponiendo la Palabra de Dios en Nehemías 7:73–8:12 durante la Fiesta de los tabernáculos.

De acuerdo con Deuteronomio 31:10-13, la Ley debía ser leída cada siete años durante esta fiesta y Esdras ciertamente estaba calificado para hacer esto —él había preparado su corazón para estudiar, obedecer y enseñar la Ley (cp. Esdras 7:10). Después de que el pueblo le pidió a Esdras que trajera la Ley (Neh 8:1), él procede a leer "en el libro" (Neh 8:3). Esta es una frase importante porque resume que Esdras leyó y explicó la ley —él llevó a cabo una exposición de la ley. Los versículos 7 y 8 apuntan específicamente a dicha exposición al señalar que, junto con Esdras, varios hombres "hacían entender al pueblo la ley... leían en el libro de la ley de Dios claramente, y ponían el sentido, de modo que entendiesen la lectura". La frase "ponían el sentido" podría incluir traducción del hebreo al arameo —debido a que la gente que había estado en el exilio pudo haber hablado arameo únicamente—, pero esta frase apunta al hecho de que esta fue una explicación de la ley, una exposición.[10]

En términos comparativos, el Nuevo Testamento contiene más ejemplos de predicación expositiva que el Antiguo Testamento. La razón para dicha diferencia es que el Nuevo Testamento registra el cumplimiento del Antiguo Testamento. Hechos 26:22-23 es un buen ejemplo de esto conforme Pablo le dice al Rey Agripa, "...persevero hasta el día de hoy, dando testimonio a pequeños y grandes, no diciendo nada fuera de las cosas que los profetas y Moisés dijeron que habían de suceder: que el Cristo había de padecer, y ser el primero de la resurrección de los muertos, para anunciar luz al pueblo y a los gentiles". Sin embargo, otra razón por la que encontramos más ejemplos de exposición en el Nuevo Testamento es que completa la revelación escrita de Dios (cp. Ap 22:18-19).

Conforme vemos el Nuevo Testamento, también debemos mantener en mente que hay muchos ejemplos de predicación expositiva "en forma escrita". Esto es que muchas porciones de las epístolas incluyen tanto explicación como aplicación de varios pasajes del AT. Mientras que estas son cartas escritas a una audiencia específica y no sermones, incluyen exposiciones

---

[9] Eugene H. Merrill, *Deuteronomy*, NAC (Nashville: Broadman & Holman, 1994), 26.

[10] Mervin Breneman, *Ezra, Nehemiah, Esther*, NAC (Nashville: Broadman & Holman, 1993), 226.

de las Escrituras que los autores aplican a sus destinatarios. Debido a que esto es más un panorama de ejemplos, que una lista exhaustiva, únicamente señalaremos unos pocos ejemplos en las epístolas en los siguientes párrafos.

Teniendo esto presente, comenzamos en los evangelios con el Expositor Maestro —nuestro Señor Jesucristo. Únicamente presentaremos una muestra de exposiciones presentadas por Él, ya que entrar en profundidad a cada exposición que Jesús dio es ir más allá de lo que se cubre en este capítulo. El Señor dio varias exposiciones del Antiguo Testamento, conforme explicó el significado de cierto pasaje y después lo aplicó a *Su* audiencia (como en Mt 9:10-13), o conforme explicó el cumplimiento de cierta profecía y llamó a *Su* audiencia a arrepentirse (como en Marcos 1:14-15).

En el Sermón del Monte encontramos una exposición de la Ley —esto es visto particularmente en Mateo 5:21–7:12. Después de afirmar que el requisito para entrar en el Reino es poseer una justicia que es mayor que la de los escribas y fariseos (5:20), Jesús procede a dar varios ejemplos de dicha justicia. Al hacer esto, nuestro Señor da una exposición maestra de la Ley conforme explica el significado original y lo aplica a *Su* audiencia. En esencia, la justicia que se conforma a la ley de Dios no solo es externa sino también interna —al nivel de los pensamientos, deseos, motivos. Por ejemplo, nuestro Señor explica y aplica la Ley al afirmar que un asesino no solo es la persona que priva pecaminosamente de la vida a otra persona, sino también es la persona que odia a alguien (5:21-26). El adúltero no solo es el que comete el acto físico, sino también el que desea cometerlo (5:27-30). La adoración que agrada a Dios no solo se conforma externamente a la Ley, sino también internamente —al tener motivos puros (6:1-18).

En Mateo 9:10-13 encontramos otro ejemplo de exposición. Después de que los fariseos condenan a Jesús por comer con los publicanos y pecadores (9:11), el Señor responde al explicarles el significado de Oseas 6:6 y exhortarlos a aplicarlo. Él les dice, como Oseas 6:6 mandó, que Él de hecho está mostrando misericordia a aquellos en necesidad y ellos necesitan aprender y hacer lo mismo (9:13).

Mateo 22 es un capítulo que incluye varias exposiciones de nuestro Señor. En cada una de ellas, como vemos a lo largo de *Su* ministerio, Él explica el significado de un pasaje del Antiguo Testamento y llama a *Su* audiencia contemporánea a la acción. En el capítulo 22:23-33, Él explica Éxodo 3:6 y reprende la ignorancia de los saduceos por no conocer la Palabra de Dios (22:29). En el 22:34-40, Él explica Deuteronomio 6:5 como el mandamiento más importante y concluye explicando que Levítico 19:18 es el segundo mandamiento —estos dos resumen la responsabilidad moral del hombre (22:40). En el 22:41-46, Él explica el Salmo 110:1 y demuestra a los fariseos que Él es el Cristo, con una exhortación implícita que es el deber de ellos de creer en Él como tal.

Al considerar el Evangelio de Marcos, encontramos una exposición de las Escrituras en el primer capítulo. Marcos 1:14-15 dice, "Después que Juan fue encarcelado, Jesús vino a Galilea predicando el evangelio del reino de Dios, diciendo: El tiempo se ha cumplido, y el reino de Dios se ha acercado; arrepentíos, y creed en el evangelio". En esta afirmación, Cristo está explicando que las promesas de las Escrituras en relación al Rey y el Reino se cumplen en Él. Conforme hace esto, él aplica a Sus oyentes las implicaciones del cumplimiento de dichas Escrituras —necesitan arrepentirse y creer en el evangelio.[11]

En Lucas 4:16-21, nuestro Señor lee y explica cómo Él fue el cumplimiento de Isaías 61:1-2 con la implicación de que deben creer en Él —como es señalado por Sus comentarios acerca de la incredulidad que Él esperaba de ellos a pesar de *Su* gracia (Lucas 4:22-30).

Hacia el final del libro, en Lucas 24:25-27, encontramos un ejemplo excelente de nuestro Señor explicando *Su* necesidad de sufrir y entrar en *Su* gloria. Después de *Su* resurrección, conforme habla con los dos discípulos en el camino a Emaús, Lucas dice que "...comenzando desde Moisés, y siguiendo por todos los profetas, les declaraba en todas las Escrituras lo que de él decían" (24:27). Claro que la implicación de dicha explicación es que ellos debían creer. Inclusive, el mensaje del Evangelio que todo creyente del NT debe proclamar es una exposición de lo que el AT predijo (24:44-48) —al presentar el contenido del evangelio, el Señor no solo presenta una exposición del Antiguo Testamento, sino que los Apóstoles y creyentes en general siguen a nuestro Señor al exponer las Escrituras conforme evangelizan.

En la historia inspirada de la primera iglesia —el libro de los Hechos— encontramos varias exposiciones de la Palabra de Dios. Comenzando con Pedro en Hechos 2:14-40, encontramos al Apóstol explicando cómo Joel 2:28-32 (Hch 2:17-21); Salmo 16:8-11 (Hch 2:25-28); Salmo 16:31 (Hch 2:31); Salmo 110:11 (Hch 2:34-35) se aplicaron a la muerte y resurrección de nuestro Señor (Hch 2:36). Él concluyó con las implicaciones prácticas para aquellos judíos que lo oyeron —ellos necesitaban arrepentirse de su pecado y creer en el que mataron (Hch 2:39-40).

En Hechos 7, Esteban hace un trabajo excepcional de exposición, conforme se defiende a sí mismo de acusaciones falsas (Hch 6:8-15). Él comienza con el llamado de Abraham (Hch 7:3; cp. Gn 12:1) y camina a lo largo del Antiguo Testamento, concluyendo con una confrontación poderosa de la incredulidad de los líderes judíos (Hch 7:51-53).

---

[11] John Nolland, *The Gospel of Matthew: A Commentary on the Greek Text*, NIGTC (Grand Rapids: Eerdmans Publishing, 2005), 176.

Otro gran expositor que encontramos en Hechos 8:26-40 es Felipe. Él enseña (Hch 8:31) al eunuco al explicarle que Isaías 53:7-8 se refería al Señor Jesucristo y llamó al eunuco a creer en el Señor (Hch 8:37).

Hechos 26:22-23 resume el ministerio de predicación del Apóstol Pablo —el cual consistió en explicar cómo el Señor Jesucristo cumplió el Antiguo Testamento en *Su* sufrimiento: "...y ser el primero de la resurrección de los muertos, para anunciar luz al pueblo y a los gentiles" (26:23). La predicación expositiva caracterizó el ministerio de Pablo, como se ve en sus escritos apostólicos.

Por ejemplo: la epístola a los romanos incluye varios ejemplos de exposición bíblica. Romanos 3:10-18, presenta una serie de textos del Antiguo Testamento mediante los cuales Pablo muestra la pecaminosidad de la humanidad (3:9). En Romanos 4, él explica cómo Génesis 15:6 y el Salmo 32:1 enseñan la doctrina de la justificación por la fe. Desde Romanos 9 hasta el 11, él explica varios textos del Antiguo Testamento, mostrando que la incredulidad actual de Israel es parte del plan de Dios, el cual culminará en que ellos vengan en el futuro con una fe arrepentida al Señor.

En Primera de Timoteo 4:13 Pablo escribe, "Entre tanto que voy, ocúpate en la lectura, la exhortación y la enseñanza". La "lectura" de la Palabra de Dios se refería a la lectura pública de un texto de las Escrituras que era explicado (como el Señor lo hizo en Lucas 4:16-21) y después aplicado ("exhortación"). Con la palabra "enseñanza", él hace referencia a la naturaleza sistemática de la enseñanza de la Palabra de Dios.

La epístola a los hebreos está llena de exposición de varios pasajes del Antiguo Testamento. Esta exposición va acompañada de aplicación —como es característico de la predicación expositiva. Mientras que es rica en contenido doctrinal, la epístola es un sermón —una "palabra de exhortación" (Heb 13:22). Las exposiciones de textos del Antiguo Testamento que encontramos son las siguientes:[12] 1:1–2:4 (varios textos de los Salmos; 2Sa 7; Dt 32); 2:5-18 (Sal 8:4-6); 3:1–4:13 (Sal 95:7-11); 4:14–7:28 (Sal 110:4); 8:1–10:18 (Jer 31:31-34); 10:32–12:3 (Hab 2:3-4); 12:4-13 (Pr 3:11-12); 12:18-29 (Éx 19-20).

La hermenéutica de un sermón expositivo

La hermenéutica puede ser definida como "la ciencia de la interpretación correcta de la Biblia".[13] La hermenéutica es diferente de la exégesis porque

---

[12] Paul Ellingworth, *The Epistle to the Hebrews: A Commentary on the Greek Text*, NIGTC (Grand Rapids: Eerdmans Publishing, 1993), 37–42.

[13] Bernard Ramm, *Protestant Biblical Interpretation* (Grand Rapids: Baker Books, 1970), 11. En apoyo de esta definición, véase también Grant R. Osborne, *The Hermeneutical Spiral* (Downers Grove, IL: InterVarsity Press, 1991/2006), 21–22; y Milton S. Terry, *Biblical Hermeneu-*

la hermenéutica es un conjunto de principios y la exégesis es la implementación de la hermenéutica, con la meta de entender la verdadera intención del autor.[14] Esto asume que el intérprete puede ser objetivo al explicar el texto bíblico. En defensa de esto, Thomas señala que:

> Los intérpretes pueden tener la confianza de ser objetivos al enfatizar la capacidad de Dios de comunicar, en lugar de enfatizar la incapacidad humana de recibir comunicación, el propósito de Dios en la revelación especial que no puede ser estorbado, la iluminación del Espíritu Santo al reprimir prejuicios personales, y la objetividad neutral como es vista en la constancia de la doctrina de la iglesia a lo largo de los siglos. Solo entonces los intérpretes regresarán a una explicación en lugar de una confusión de las Escrituras... La revelación divina y la inspiración se encuentran detrás de la escritura de las Escrituras, y la iluminación divina funciona en conexión con la capacidad del hombre de entender lo que está escrito. Si el factor divino en este proceso de comunicación prevalece en los escritos de las Escrituras, el Espíritu Santo puede prevalecer como parte de *Su* ministerio de iluminación. El Espíritu puede borrar malos entendidos preconcebidos en las mentes de personas que poseen una nueva naturaleza en Cristo y capacitar a los exegetas a estudiar el texto de una manera objetiva.[15]

Aun cuando se estudia el texto objetivamente, nuestra interpretación puede estar equivocada debido a diversos factores tales como falta de diligencia en el estudio bíblico. Esta es la razón por la que para interpretar la Palabra de Dios de una manera que honre al Señor (2Ti 2:15), necesitamos cumplir con ciertos requisitos:[16]

1. Ser salvo.
2. Estar en proceso de crecer espiritualmente.
3. Ser diligente en estudiar.
4. Ser dependiente del Espíritu de Dios mediante la oración, para entender las Escrituras.

Esta no es una labor fácil. Con respecto al deseo y trabajo duro que este tipo de estudio demanda, Kaiser señala que el esfuerzo será recompensado "solo

---

tics: A Treatise on the Interpretation of the Old and New Testaments, repr., (Eugene: Wipf and Stock, 2003), 17.

[14] Robert L. Thomas, *Evangelical Hermeneutics: The New Versus the Old* (Grand Rapids: Kregel Publications, 2002), 27. Véase también Walter C. Kaiser Jr., *Toward an Exegetical Theology: Biblical Exegesis for Preaching and Teaching* (Grand Rapids: Baker Books, 1981), 47.

[15] Thomas, *Evangelical Hermeneutics*, 41–42, 52.

[16] Roy B. Zuck, "The Role of the Holy Spirit in Hermeneutics", *BSac* 141:562 (1984): 120–30.

si la búsqueda es sostenida por un gozo entusiasta de descubrimiento a lo largo de las largas horas de trabajo duro y paciente".[17]

Conforme pensamos en la responsabilidad de trabajar duro en el estudio de las Escrituras, no debemos olvidar el papel del Espíritu Santo al capacitarnos para entender las Escrituras (1Co 2:14). Para ser más específico, *Su* papel en el proceso de interpretación de la Palabra de Dios, puede ser resumido de la siguiente manera:[18]

1. Él no da revelación nueva al nivel de las Escrituras.
2. Él no garantiza que nuestra interpretación es infalible.
3. Él no da un entendimiento a una persona, que nadie más tiene.
4. Él capacita a todo creyente obediente para entender y someterse a las Escrituras.
5. Él usa el estudio diligente junto con libros que nos ayudan a entender el texto bíblico.
6. Él no hace que todo pasaje sea igualmente claro.
7. Él no hace a un lado el sentido común y la lógica.

La hermenéutica es esencial para entender lo que Dios dijo en *Su* Palabra, para que como creyentes podamos pensar y actuar conforme a *Su* Palabra.[19]

Los principios de hermenéutica[20] están basados en seis presuposiciones arraigadas en nuestro entendimiento de las Escrituras. En primer lugar, la claridad de las Escrituras —esto es, mediante las leyes del lenguaje y la obra iluminadora del Espíritu, podemos entender las Escrituras, admitiendo que ciertos pasajes son más difíciles de entender que otros (2Pe 3:16). En segundo lugar, las Escrituras han sido reveladas en términos humanos para que podamos entenderlas —por ejemplo, el brazo derecho de Dios representa *Su* poder. En tercer lugar, Dios toma la iniciativa de revelarse a Sí Mismo gradualmente como patrón general —comenzando con verdades en el AT que son desarrolladas en mayor plenitud en el NT. En cuarto lugar, las Escrituras interpretan a las Escrituras, lo cual significa que las Escrituras como un todo deben ser usadas para entender un pasaje en particular —esto también significa que pasajes oscuros deben ser interpretados a la luz de los que son más claros. En quinto lugar, las Escrituras no pueden contradecirse a sí mismas —esto es llamado la analogía de la fe. En sexto lugar, mientras que hay muchas aplicaciones, hay un significado para cada texto: ese

---

[17] Kaiser, *Exegetical Theology*, 50.
[18] Zuck, "The Role of the Holy Spirit", 120–30.
[19] Craig L. Blomberg, Robert L. Hubbard Jr. y William W. Klein, *Introduction to Biblical Interpretation: Revised and Expanded* (Nashville: Thomas Nelson Publishers, 1993), 19–21.
[20] Ramm, *Protestant Biblical Interpretation*, 97–214. Véase también Blomberg et. al., *Biblical Interpretation*, 143–50.

significado es el significado que el autor original quiso que tuviera un texto dado.[21] Kaiser subraya este principio de un solo significado de las Escrituras, señalando que:

> Bajo la fuerte influencia de la Reforma hubo un énfasis renovado en que solo hay *un sentido* o significado en todo pasaje si el intérprete es fiel a su misión. El objetivo entero del expositor es explicar tan claramente como sea posible lo que el escritor quiso decir cuando escribió el texto que está siendo examinado... solo hay *un* significado el cual siempre es *el* significado de un texto...[22]

En otras palabras, conocer lo más que podamos acerca del autor y su audiencia original nos ayuda para entender cómo es que él quiso que su audiencia entendiera lo que él escribió.[23] Necesitamos entender lo que el autor quería decir y no imponer una interpretación personal en el texto.[24] Desde la exégesis del texto, la exposición "comienza con el texto bíblico y se aferra a ese texto a lo largo del sermón o lección".[25] Conforme analizas el texto, necesitas "entender el uso de las palabras que el autor humano empleó en el contexto de su vida y época, géneros literarios y suposiciones teológicas".[26] No puedes aislar el texto de su contexto original. Recuerda que cualquier "porción de las Escrituras que es divorciada de su contexto cultural original y la intención del autor es un niño sin hogar que vaga por las calles, y que es vulnerable a abusos violentos".[27]

El cimiento de la exégesis correcta y la predicación expositiva es un entendimiento del hecho de que solo el significado correcto del texto es el que su autor quiso que el texto tuviera —y dicho significado se encuentra mediante el método literal, histórico y gramatical.[28] Conforme consideramos los principios específicos que caracterizan el método literal, histórico y gramatical, probablemente el mejor lugar donde podemos comenzar sería el contexto. El principio de contexto consiste en determinar el contexto histórico y lógico del pasaje —mientras que el histórico se concentra en el trasfondo histórico del libro (aspectos de introducción), el lógico se concen-

---

[21] Wayne Grudem, "Right and Wrong Interpretaion of the Bible: Some Suggestions for Pastors and Bible Teachers", en *Preach the Word: Essays on Expository Preaching in Honor of R. Kent Hughes*, eds. Leland Ryken and Todd A. Wilson (Wheaton: Crossway Books, 2007), 61–62.

[22] Ramm, *Protestant Biblical Interpretation*, 45.

[23] R. H. Stein, "Is Our Reading the Bible the Same as the Original Audience's Hearing It?", *JETS* 46, n. 1 (2003): 63–78.

[24] Kaiser, *Exegetical Theology*, 12.

[25] *Ibid.*, 50.

[26] *Ibid.*, 51.

[27] D. Brent Sandy and Ronald L. Giese, Jr., eds., *Cracking Old Testament Codes: A Guide to Interpreting the Literary Genres of the Old Testament* (Nashville: Broadman & Holman, 1995), 187.

[28] Walter C. Kaiser Jr., *Preaching and Teaching from the Old Testament: A Guide for the Church* (Grand Rapids, Baker Academic, 2003), 51.

tra en el flujo de pensamiento del libro en donde se encuentra el pasaje (este es el principio hermenéutico más importante).[29]

Otro principio de cimiento es el principio literal. Debemos empezar con el "significado histórico, simple, natural, original del pasaje. Si abandonamos esto como nuestro punto de partida, no tenemos esperanza de llegar a un sentido del significado del texto".[30] Esto significa que las palabras deben ser interpretadas en el significado normal, de costumbre, que la sociedad original les asignó. Este principio es visto como la práctica normal en la interpretación de literatura. El principio literal debe ser aplicado a menos de que el pasaje nos apunte en una dirección diferente. ¿Cómo podemos saber que el pasaje no debe ser tomado literalmente? Solo si no tiene sentido dentro de su contexto histórico, o mediante una afirmación directa que muestra que es lenguaje figurado (por ejemplo, "parábolas" como en Mt 13:3). Pero, cuando estás tratando con lenguaje figurado, las palabras deben ser interpretadas de una manera literal. El principio asume que el intérprete tiene que entender lo que las palabras significaron para la audiencia original dentro del contexto bíblico en el que se encuentran —el Testamento (Antiguo o Nuevo), libro y pasajes que están antes y después de dichas palabras —entendiendo su relación dentro de la frase/pasaje en la que se encuentran (sintaxis), así como en el caso de un pasaje como un todo, tal como fue señalado arriba, bajo el principio de contexto. El estudio de cómo las palabras fueron usadas en el libro, por el mismo autor, en el Testamento o Biblia misma y fuera de la Biblia, puede ser visto como estudiarlas en círculos concéntricos —desde el centro hacia afuera.[31]

Dentro del principio literal, el género literario es un factor clave. El género puede ser definido como "un grupo de textos escritos marcados por características distintivas recurrentes las cuales constituyen un tipo de escritura reconocible y coherente".[32] En otras palabras, el género es el tipo de literatura con el que estamos tratando y es identificado por las características distintivas del texto.[33] Las dos categorías generales del género son prosa y poesía (o verso), y ambas tienen que ser identificadas correctamente para ser interpretadas correctamente. Así como en la plática diaria no podemos interpretar como prosa lo que alguien dice poéticamente.[34] Dicho de manera breve, en contraste con la prosa, la poesía está escrita en líneas con un ritmo,

---

[29] Osborne, *Hermeneutical Spiral*, 37.

[30] Kaiser, *Preaching from the Old Testament*, 10.

[31] Kaiser, *Exegetical Theology*, 144.

[32] John J. Collins, "Introduction: Towards the Morphology of a Genre", *Semeia* 14 (1979): 1.

[33] Tremper Longman III, "Form Criticism, Recent Developments in Genre Theory, and the Evangelical", *WTJ* 47, n. 1 (1985): 46–67. Véase también Grant Osborne, "Genre Criticism— Sensus Literalis", *TJ* 4, n. 2 (Fall 1983): 9–16.

[34] Osborne, *Hermeneutical Spiral*, 26.

acompañadas de lenguaje figurado.[35] Los capítulos tres y cuatro explican con mayor detalle cómo debemos identificar e interpretar los diferentes géneros que se encuentran en la Biblia.

Otro principio clave del método literal, histórico y gramatical es, como su nombre lo señala, el estudio de la cultura —esto es, las costumbres en las que los autores bíblicos y su audiencia original vivieron. Para hacer esto, debemos "usar las herramientas [fuentes] que nos capacitan para cruzar el puente de regreso a la época bíblica y la intención del autor".[36]

Al considerar la relación entre la teología y la hermenéutica, debemos recordar que la aplicación de los principios de interpretación bíblica (exégesis) debe determinar el sistema teológico.[37] Al hacer esto, también debemos mantener en mente que el Nuevo Testamento es la culminación de la revelación de Dios, en donde muchas de las doctrinas incialmente presentadas en el Antiguo Testamento son desarrolladas completamente.

Los beneficios de un sermón expositivo

Debido a que la predicación expositiva explica y aplica lo que Dios ha dicho en *Su* Palabra, podemos identificar sus efectos al ver lo que la Palabra de Dios produce —tanto en el incrédulo como también en el creyente.

Desde el punto de vista del incrédulo, la predicación expositiva puede ser ignorada o aceptada superficialmente (como es visto en la parábola de las tierras en Mt 13:18-23). Hay ocasiones en las que puede llegar a provocar hostilidad intensa hacia el mensaje y el predicador (como sucedió con Esteban en Hechos 7). La exposición sistemática del incrédulo impenitente a la predicación expositiva, contribuye a que sea más responsable y a que se exponga a un juicio más severo para él en la eternidad (cp. Mt 10:14-15).

Desde el punto de vista del creyente, cuando se somete a la verdad que la predicación expositiva proclama, su vida es transformada para volverse más parecida a Cristo. En Primera de Tesalonicenses 2:13, Pablo afirma que la Palabra de Dios "actúa" en los creyentes. Dicho actuar es manifestado en la vida de un creyente que estudia, entiende y se somete a la Palabra de Dios. Este actuar puede ser resumido en santificación práctica (Jn 17:17). Para ser más precisos, la siguiente lista presenta algunos de los beneficios principales de la exposición sistemática versículo a versículo:

---

[35] Ronald L. Giese, Jr., "Strophic Hebrew Verse as Free Verse", JSOT 61, n. 61 (1994): 29–38.

[36] Osborne, *Hermeneutical Spiral*, 25.

[37] *Ibid.*, 350.

1. Muestra a la congregación cómo estudiar las Escrituras.[38]
2. Contribuye al crecimiento espiritual del predicador y la congregación.[39]
3. Da autoridad al predicador conforme predica las Escrituras.[40]
4. Provee una riqueza inagotable de material para sermones.[41]
5. Fuerza al predicador a estudiar todo pasaje en el texto.[42]
6. Provee una dieta espiritual equilibrada para la congregación.[43]

Con estos beneficios inmensamente ricos, ¿cómo no vamos a predicar expositivamente? Es nuestra oración que estas páginas refresquen tu mente y te animen a perseverar en estos elementos básicos. Lo que hemos repasado en este capítulo es el cimiento del resto de este libro. Con estos principios frescos en nuestras mentes, ahora podemos construir sobre ellos en los siguientes capítulos.

---

[38] Sinclair Ferguson, "Exegesis", en *The Preacher and Preaching*, ed. Samuel T. Logan Jr. (New Jersey: Presbyterian and Reformed, 1986), 195.
[39] *Ibid.*, 195. Véase también Merrill F. Unger, *Principles of Expository Preaching* (Grand Rapids: Zondervan Publishing, 1970), 29.
[40] *Ibid.*, 24.
[41] *Ibid.*, 27.
[42] Jerry Vines y Jim Shaddix, *Power in the Pulpit* (Chicago: Moody Publishers, 1999), 35.
[43] *Ibid.*, 35.

Capítulo II

Recuerda el Antiguo Testamento

Probablemente, te has dado cuenta de que la mayor parte de la predicación que hay en muchas iglesias viene del Nuevo Testamento. Esto nos lleva a hacer la pregunta: ¿por qué hay tan poca predicación del Antiguo Testamento? Una razón probable es que la mayoría de nuestros comentarios disponibles en español son acerca del Nuevo Testamento. A pesar de nuestra falta de recursos para estudiar el Antiguo Testamento, como te recordaremos en el siguiente capítulo, hay suficientes para que entiendas y prediques el texto del Antiguo Testamento. En este capítulo explicaremos por qué no predicamos con mucha frecuencia del Antiguo Testamento, y por qué debemos predicar más de él. Nuestra meta en este capítulo es alentarte a enseñar y predicar más del Antiguo Testamento.

¿Por qué hay tan poca predicación del Antiguo Testamento?

Creemos que hay por lo menos dos razones por las que hay tan poca predicación del Antiguo Testamento en nuestras iglesias. Estas son observaciones personales, generales, que quizás no se apliquen a toda iglesia. Estas observaciones están basadas en lo que el Señor nos ha permitido ver en las iglesias con las que tenemos contacto. También debemos agregar que estas situaciones pueden ser vistas de arriba hacia abajo —de pastores a rebaño. Como normalmente es el caso, la influencia de los pastores y líderes es reflejada en sus rebaños.

La primera razón es que le tenemos miedo al Antiguo Testamento.[44] ¿Por qué? Permítanos presentar los siguientes cinco factores que causan que nos intimide más el Antiguo Testamento que el Nuevo Testamento. En primer lugar, el desafío del idioma hebreo.[45] Debido a las semejanzas que

---

[44] Scott M. Gibson, "Challenges to Preaching the Old Testament", en *Preaching the Old Testament*, ed. Scott M. Gibson (Grand Rapids: Baker Books, 2006), 22.

[45] *Ibid.*, 22.

existen entre el español y el griego, estamos más familiarizados y cómodos con el idioma griego. Esa es la razón por la que tendemos a ver el hebreo como un idioma más difícil que el griego.

En segundo lugar, lo extraño que nos parecen muchos de los aspectos culturales del mundo del Antiguo Medio Oriente.[46] Un tercer factor que podemos agregar es el trabajo que demanda realizar una exégesis del Antiguo Testamento. En el Antiguo Testamento necesitas estudiar y predicar secciones largas en un sermón, en comparación a las unidades más pequeñas en el Nuevo Testamento.[47] Un cuarto factor que contribuye a nuestro temor del Antiguo Testamento, es la dificultad de entender la enseñanza del Antiguo Testamento.[48] La complejidad de ciertos aspectos de la teología del Antiguo Testamento, géneros literarios, por nombrar un par de ejemplos, hacen que sea difícil entenderlo. Un último factor tiene que ver con qué tan aplicable es a nuestra vida moderna.[49] En otras palabras, el Antiguo Testamento parece ser más difícil de aplicar que el Nuevo Testamento, desde las leyes que presenta hasta el desafío de aplicar pasajes narrativos a nuestro día.

La segunda razón es que la mayoría de nosotros preferimos el Nuevo Testamento en lugar del Antiguo Testamento.[50] El Nuevo Testamento parece ser más fácil de estudiar, entender y aplicar, y nuestras congregaciones parecen conocer el Nuevo Testamento.

¿Por qué es tan importante predicar del Antiguo Testamento?

En la primera sección de este capítulo, identificamos varias razones por las que hay tan poca predicación del Antiguo Testamento en nuestras iglesias. En esta sección, nos esforzaremos por animarte a predicar más del Antiguo Testamento, al presentarte ocho razones por las que debes predicar más sermones del Antiguo Testamento.

La primera razón es el mandato de Pablo en 2 de Timoteo 4:2. En este conocido versículo, Pablo mandó a Timoteo a predicar "la palabra". Mientras que "la palabra" ciertamente incluye el evangelio que Timoteo aprendió de Pablo (2Ti 3:14), también incluye el Antiguo Testamento (3:15).[51] Y así como él, si vamos a ser obedientes al mandato de predicar la Palabra, no solo predicaremos el Nuevo Testamento, sino también el Antiguo Testamento.

La segunda razón es que el Antiguo Testamento está al mismo nivel de autoridad que el Nuevo Testamento. En Segunda de Timoteo 3:16, la

---

[46] *Ibid.*, 22, 27.
[47] *Ibid.*, 22.
[48] *Ibid.*, 22–23.
[49] *Ibid.*, 24.
[50] *Ibid.*, 24–25.
[51] William D. Mounce, *Pastoral Epistles*, vol. 46 de WBC (Nashville: Thomas Nelson Publishers, 1993), 572.

palabra "Escritura" (γραφὴ)[52] se refiere al Antiguo Testamento.[53] Pero en 1 de Timoteo 5:18, conforme Pablo estaba mostrando por qué los ancianos deben ser pagados, él incluyó dos citas con la palabra "Escritura" (γραφὴ). En este caso, él siguió la palabra Escritura con una cita de Deuteronomio 25:4 y después con una cita de Lucas 10:7.[54] Esto muestra que él veía de manera clara el Antiguo Testamento al mismo nivel de autoridad que lo que había sido revelado en ese entonces del Nuevo Testamento. Esto debe alentarte a no evitar la predicación del Antiguo Testamento.

La tercera razón es el poder del Antiguo Testamento. Como vimos en la razón anterior, en 2 de Timoteo 3:16 la palabra "Escritura" se refiere al Antiguo Testamento. En este maravilloso versículo, Pablo no solo dice que el Antiguo Testamento es inspirado por Dios, sino que también es "útil para enseñar, para redargüir, para corregir, para instruir en justicia". Esto significa que debido a que las Escrituras son inspiradas por Dios, son el estándar de verdad ("enseñar"); exhiben la herejía ("redargüir"); corrigen la conducta inapropiada ("corregir") e instruyen positivamente en la conducta justa ("instruir en justicia").[55] En el versículo 17, Pablo concluye, "a fin de que el hombre de Dios sea perfecto, enteramente preparado para toda buena obra". El énfasis de este versículo se encuentra en la suficiencia de las Escrituras para proveer el conocimiento y dirección necesarias para el ministerio de Timoteo, líderes cristianos, y por implicación todo cristiano.[56] Mientras que todo esto podría ser aplicado al Nuevo Testamento (como lo vimos en la razón anterior, arriba), el contexto original apunta primordialmente al Antiguo Testamento. Creemos que esta razón por sí sola, ¡es lo suficientemente contundente como para motivarte a predicar más el Antiguo Testamento!

La cuarta razón es para evitar que tengamos un ministerio desequilibrado. Kaiser explica este punto en las siguientes palabras:

> Si vamos a tener un ministerio equilibrado y completo, debemos presentar todo el consejo de Dios (Hechos 20:27) a la persona entera. El descuidar algún área de las Escrituras dará lugar a tierra infértil o de herejía... o... de un ministerio paraeclesiástico que reclame lo que ha sido descuidado o deliberadamente hecho a un lado por el ministerio de predicación de la iglesia.[57]

---

[52] A menos que se indique algo diferente, todas las citas de las Escrituras en el texto griego que se encuentran en este libro son del UBS4.

[53] Mounce, *Pastoral Epistles,* 565.

[54] *Ibid.,* 310–11. Lucas habría escrito su evangelio de uno a cuatro años antes de que Pablo escribió 1 Timoteo. Véase Donald Guthrie, *New Testament Introduction* (Downers Grove, IL: InterVarsity Press, 1990), 130–31, 651.

[55] Mounce, *Pastoral Epistles,* 570.

[56] *Ibid.* 570–71.

[57] Kaiser, *Preaching from the Old Testament,* 44.

La quinta razón es la necesidad de entender el Antiguo Testamento para interpretar correctamente el Nuevo Testamento.[58] Por ejemplo, en Hechos 9:10-15, la resistencia de Pedro a obedecer el mandato del Señor a comer animales inmundos, solo puede ser entendido de manera plena si entendemos las leyes alimenticias del Antiguo Testamento.[59] Moo lo ha resumido apropiadamente con estas palabras: "El AT, aunque ya no es una fuente de imperativos morales directos... continúa jugando un papel central al ayudarle a cristianos a entender el clímax de la historia de la salvación y sus responsabilidades".[60] En resumen, el Antiguo Testamento es vital para un entendimiento teológico correcto de doctrinas claves en las Escrituras, tales como antropología, hamartiología, soteriología, etc.[61] El entendimiento teológico de tu iglesia puede ser mejorado mucho a través de sermones del Antiguo Testamento.

La sexta razón es que el Antiguo Testamento ofrece principios prácticos para la vida cristiana.[62] Conforme Pablo se refiere a varios acontecimientos de lo que Israel vivió en el desierto, afirma que fueron registrados en el Antiguo Testamento, él escribe que "están escritas para amonestarnos a nosotros" (1Co 10:11). Pablo entendió esta serie de acontecimientos como un medio de instrucción para los corintios, para que crecieran espiritualmente, conforme permanecían en el camino de la bendición de Dios al evitar los pecados de Israel.[63] De la misma manera, tu iglesia puede ser ayudada en su santificación, conforme aprenden de los pecados y obediencia de muchas personas en el Antiguo Testamento.

La séptima razón es que el Antiguo Testamento te guía a Jesús.[64] Hay tantos ejemplos para ilustrar esta verdad maravillosa: desde Génesis 3, al Salmo 22 a Isaías 53, entre muchos otros. En Hechos 26:22-23, Pablo ejemplifica cómo el Antiguo Testamento guía a una persona a Jesús.[65] Él afirmó que no dijo "nada fuera de las cosas que los profetas y Moisés dijeron que habían de suceder" (Hechos 26:22). ¿Qué fue eso? "Que el Cristo había de padecer, y ser el primero de la resurrección de los muertos, para anunciar luz al pueblo y a los gentiles" (Hechos 26:23). Conforme predicas

---

[58] Michael Duduit, "The Church's Need for Old Testament Preaching", en *Reclaiming the Prophetic Mantle: Preaching the Old Testament Faithfully*, ed. George L. Klein (Nashville: Broadman Press, 1992), 10–11.

[59] F. F. Bruce, *The Book of the Acts*, rev. ed., NICNT (Grand Rapids: Eerdmans Publishing, 1988), 206.

[60] Douglas J. Moo, *The Epistle to the Romans*, NICNT (Grand Rapids: Eerdmans Publishing, 1996), 869.

[61] Duduit., "Church's Need", 11–12.

[62] *Ibid.*, 12–13.

[63] Garland, David E., *1 Corinthians*, BECNT (Grand Rapids: Baker Academic, 2003), 464.

[64] Duduit, "Church's Need", 13–15.

[65] Bruce, *Acts*, 469.

el Antiguo Testamento, ayudarás a tu congregación a ver cómo el "mensaje de salvación comenzó en el AT y ha sido cumplido en el evangelio".[66]

La octava y última razón es que el Antiguo Testamento nos da esperanza. En Romanos 15:4, Pablo escribió: "Porque las cosas que se escribieron antes, para nuestra enseñanza se escribieron, a fin de que, por la paciencia y la consolación de las Escrituras, tengamos esperanza". Lo que fue escrito "antes" son las "Escrituras", las cuales aquí se refieren al Antiguo Testamento.[67] Pablo aquí está afirmando que leer "el AT y ver su cumplimiento en Cristo y la iglesia fomenta la esperanza del creyente, una esperanza que está acompañada por la capacidad de "soportar" bajo la presión de circunstancias espiritualmente hostiles y circunstancias irritantes".[68] ¿Quieres ayudarle a tu iglesia a cultivar esperanza en medio de sus pruebas? Una manera es predicar sermones del Antiguo Testamento.

Conforme consideras estas razones por las que podemos estar predicando tan poco del Antiguo Testamento, y por qué debemos predicar más de él, cerramos este capítulo con una breve palabra de aliento. Creemos que predicar el Antiguo Testamento es tan importante, y el desafío para muchos de nosotros es tan grande, que tres de los siete capítulos de este libro se concentran exclusivamente en el Antiguo Testamento: este capítulo y los capítulos tres y cuatro. Los siguientes dos capítulos tienen la meta de refrescar tu memoria para fortalecer tus habilidades exegéticas para el hebreo. Mediante estos capítulos, buscamos fortalecer tu capacidad para estudiar y predicar el Antiguo Testamento.

---

[66] Mounce, *Pastoral Epistles,* 565.
[67] Moo, *Romans,* 869.
[68] *Ibid.,* 870.

Capítulo III
Recuerda la exégesis hebrea (Parte I)

Dios habla *mediante* la interpretación correcta de un pasaje, conforme es entendido en su contexto original y con la intención del autor en mente.[69] ¿Cómo llegamos a la interpretación correcta de un texto? Al aplicar el método literal, histórico y gramatical de exégesis a un texto. Este es el método que es reflejado en el proceso exegético descrito en este capítulo. El propósito de este capítulo es recordarte cómo estudiar el texto para predicarlo con precisión.

En el capítulo uno, repasamos los principios hermenéuticos más importantes que se encuentran en el cimiento de un sermón expositivo. En este capítulo vamos a repasar cómo aplicamos esos principios, al considerar el proceso exegético aplicado al Antiguo Testamento. Este capítulo está dividido en dos secciones principales. En la primera, presentaremos algunos recordatorios generales del proceso de estudio. En la segunda, repasaremos paso a paso el proceso exegético aplicado al Antiguo Testamento. Mantén en mente que sea que estudies un pasaje del Antiguo Testamento o un pasaje del Nuevo Testamento, el proceso es el mismo. Excepto por la sección gramático/sintáctica, los recordatorios generales presentados en este capítulo, se aplican al estudio tanto del Antiguo como del Nuevo Testamento.

Recordatorios generales

En esta sección te recordaremos tres aspectos del estudio del texto, para ayudarte conforme lo estudias para predicar. El primer recordatorio tiene que ver con nuestras fuentes de información. Toda persona que estudia las Escrituras solo tiene cuatro fuentes de información acerca del texto: el significado de las palabras y oraciones individuales; el lugar de la afirmación en el contexto; la enseñanza general de las Escrituras; alguna información

---

[69] Sandy y Giese, *Cracking Old Testament Codes*, 283.

del trasfondo histórico y cultural.[70] Como egresados de seminario, frecuentemente tenemos la tendencia de pensar erroneamente en dos áreas. Una, que los eruditos tienen acceso a algún tipo de bibliotecas "secretas". Dos, que una educación de seminario te da herramientas especiales para descubrir una interpretación secreta. Ese no es el caso en absoluto. Los eruditos tienen las mismas fuentes de información, pero tienen el conocimiento y la capacidad de entrar en profundidad en esas fuentes. Y como egresado de seminario, no recibiste herramientas especiales, sino más bien, una preparación para ayudarte a saber cómo usar esas cuatro fuentes de información, para que sepas lo que el texto significa.

El segundo recordatorio tiene que ver con diferentes posiciones de interpretación en pasajes difíciles. Cuando estás buscando apoyar una interpretación, busca razones en lugar de opiniones para sustentar una posición en particular.[71] No porque diez comentarios promueven cierta posición en contra de tres, la mayoría necesariamente está en lo correcto. Busca la posición que es apoyada por las razones más sólidas.

El tercer recordatorio tiene que ver con el tiempo que inviertes en tu estudio. Esta es un área en la que la mayoría, sino es que todos nosotros, nunca estamos satisfechos. ¿Por qué? Porque nunca estudiamos tanto como nos gustaría. Pero recuerda que es posible hacer un estudio corto o largo de cualquier pasaje. Haz lo que puedas con el tiempo que tengas, y no te desanimes por lo que no puedes hacer. Grudem nos da un buen consejo:

> si tenemos más tiempo, siempre hay algo más que puede ser hecho para dar más profundidad, más certeza, más comprensión, más precisión a nuestra interpretación. Pero es bueno tener la capacidad de ajustar tu trabajo al tiempo disponible que tienes para realizarlo, y después pedirle al Señor que bendiga lo que has hecho.[72]

El proceso exegético

Con estos recordatorios frescos en nuestras mentes, en esta sección veremos el proceso exegético aplicado al Antiguo Testamento. A continuación, presentamos un panorama del proceso de nueve pasos:

1. Identifica los límites del pasaje.
2. Identifica el género.
3. Investiga los contextos históricos y literarios.
4. Lee/observa el pasaje.

---

[70] Grudem, *Preach the Word*, 57–60.
[71] *Ibid.*, 60.
[72] *Ibid.*, 65.

5. Traduce el texto y compara diferentes traducciones.
6. Identifica las características gramaticales/sintácticas de mayor importancia exegética.
7. Diagrama el texto (si tienes tiempo).
8. Desarrolla una proposición y bosquejo exegéticos.
9. Examina en dónde encaja el pasaje teológicamente.

Consideremos el proceso en detalle. Conforme hacemos esto, te recordaremos de algunos libros clave que ya usaste durante su preparación en el seminario.

1. Identifica los límites del pasaje

Primero, identifica los límites del pasaje.[73] Es muy importante identificar los límites de un pasaje, porque:

> ... las palabras u oraciones no pueden ser desempacadas como si fueran paquetes aislados con significados en sí mismos. Solo porque estas palabras representan la verdad de Dios, no podemos tratarlas de una manera fracturada, aislada o misteriosa que expresa significados teológicos que importamos de otras partes de las Escrituras...
>
> ... Las palabras pertenecen a oraciones, y las oraciones normalmente pertenecen a párrafos, escenas, estrofas o unidades más grandes dentro de la gramática de un género...
>
> ... solo el párrafo completo, o su equivalente, contiene una idea completa o concepto de ese texto. Dividir algunas de sus partes es jugar con el texto como si pudiera ser doblado de cualquier manera para lograr lo que pensamos que es mejor.[74]

Conforme el tiempo lo permita, lee el libro varias veces antes de que empieces a predicarlo. Esto no solo te ayudará a tener una idea general de su contenido, sino que también te ayudará a identificar cómo el libro se divide en diferentes secciones. Si estás limitado por el tiempo, investiga cuál es el tema y la estructura del libro consultando las fuentes apropiadas.[75]

---

[73] Douglas Stuart, *Old Testament Exegesis: A Handbook for Students and Pastors*, 3rd. ed. (Louisville: Westminster John Knox Press, 2001), 5.

[74] Kaiser, *Preaching from the Old Testament*, 54.

[75] Tales como Gleason L. Archer, *A Survey of Old Testament Introduction*, rev. ed. (Chicago: Moody Press, 2007). Introducciones a buenos comentarios también pueden ser útiles en este *área*, tales como John F. Walvoord y Roy B. Zuck, eds., *The Bible Knowledge Commentary: An Exposition of the Scriptures* (Wheaton: Victor Books, 1985); Carl F. Keil y Franz Delitzsch, *Commentary on the Old Testament* (Peabody, MA: Hendrickson Publishers, 1996).

2. *Identifica el género del pasaje*

Ya que identificaste los límites del pasaje, podemos pasar al segundo paso: necesitas identificar el género del pasaje.[76] Este paso es vital para interpretar el pasaje apropiadamente. Como vimos en el capítulo uno, identificar el género de un pasaje significa identificar el tipo de literatura del pasaje. Este es un paso tan importante del proceso exegético, que si el exegeta no sabe cuál es el tipo de literatura del pasaje que está estudiando, lo interpretará de manera incorrecta. Por ejemplo, si el exegeta piensa que Génesis 1–11 es poesía en lugar de narrativa, va a llegar a una conclusión equivocada acerca del origen del universo. Por lo tanto, necesitas aplicar los principios clave que sean apropiados para el género con el que estás tratando (véase el capítulo 4).[77]

3. *Investiga el contexto histórico y literario*

El tercer paso es investigar el contexto histórico y literario. Con histórico nos refrimos a la atmósfera histórica que rodea el texto, y con literario nos referimos a los pasajes que están antes y después del texto.[78] Conforme observas el contexto literario, busca entender cómo el texto encaja dentro del libro en el cual se encuentra; esto es, si abre una sección nueva, cuál es el tema del libro y de la sección en donde el texto se encuentra. Recuerda que debido a que la Biblia es un documento histórico, siempre debemos preguntarnos, "¿Qué quiso el autor que los lectores originales entendieran con esta afirmación?".[79] Cuanto mejor conocemos el contexto histórico, mayor información tenemos para determinar lo que el autor original quiso que sus lectores entendieran. Junto con el preámbulo a los comentarios que estás usando, revisa fuentes que incluyen material de introducción e histórico.[80]

4. *Lee y observa el pasaje*

Habiendo determinado la extensión del pasaje, su género, sus contextos literarios e históricos, creemos que te beneficiarás inmensamente del texto simplemente mediante la lectura y observación del mismo. Este es el cuarto paso: lee y observa el pasaje.[81] Este es un buen momento para familiarizarte

---

[76] Stuart, *Old Testament Exegesis*, 47.

[77] Para confirmar que estás identificando correctamente el género del pasaje, recuerda revisar los libros que usaste cuando identificaste los límites del pasaje (véase los libros bajo el paso uno).

[78] Gordon D. Fee y Douglas Stuart, *How to Read the Bible for all its Worth: A Guide to Understanding the Bible*, second ed., (Grand Rapids: Zondervan Publishing, 1993), 22–23.

[79] Grudem, *Preach the Word*, 66.

[80] Tales como J. I. Packer y Merrill C. Tenney, eds., *Illustrated Manners and Customs of the Bible* (Nashville: Thomas Nelson Publishers, 1997).

[81] Grudem, *Preach the Word*, 55.

con el texto. Hazle preguntas al texto (por ejemplo, "¿Por qué el escritor usa esta palabra?") —estas te llevarán a más estudio de conceptos y palabras clave que te ayudarán a entender mejor el texto. Si tienes tiempo en este punto, observa el texto original e identifica las divisiones internas del texto —busca la פ o la ס para ver la preferencia masorética en la división del texto. Observa los nombres y verbos singulares/plurales —estos también te ayudarán a identificar las divisiones del texto. Para tener una idea general del flujo del texto, identifica los verbos, sujetos y objetos, junto con repeticiones de palabras y contrastes.

5. *Traduce el texto y compara diferentes traducciones (versiones)*

El quinto paso consiste en traducir el texto y comparar diferentes traducciones (versiones) del pasaje.[82] Observa cuidadosamente e identifica diferentes matices de traducción entre las diferentes versiones. Este es un buen momento para que también identifiques diferentes palabras clave, para hacer un estudio de palabras de cada una de ellas conforme lo consideres necesario.[83]

6. *Identifica las características gramáticales/sintácticas de mayor importancia exegética*

El sexto paso es indispensable para realizar una exégesis correcta del texto. Aquí es donde identificas las características gramaticales/sintácticas que tienen la mayor importancia exegética.[84] Para ayudarte en este proceso, consulta libros de texto de gramática y exégesis.[85] En esencia, lo que estás haciendo en este paso es elaborar observaciones gramaticales/sintácticas del texto hebreo que te ayudarán a entender lo que el autor está expresando. Es probable que quieras tomar notas de las observaciones más importantes o ser tan detallado como gustes.

Podrías pensar que no vale la pena trabajar en la identificación de los aspectos gramaticales del texto que afectarán tu exposición. Como un pastor que predica una, dos, o más veces por semana como prioridad en su ministerio, y cuida de las muchas otras facetas del ministerio pastoral,

---

[82] Stuart, *Old Testament Exegesis*, 5–6.

[83] Dos recursos útiles y que conoces para este paso son W.E. Vine, Merrill F. Unger, and William White, *An Expository Dictionary of Biblical Words* (Nashville: Thomas Nelson Publishers, 1984); and E.W. Bullinger, *Figures of Speech Used in the Bible: Explained and Illustrated* (New York: E. & J.B. Young & Co, 1968).

[84] Stuart, *Old Testament Exegesis*, 20–21.

[85] Frederic Clarke Putnam, *Hebrew Bible Insert: A Student's Guide*. 2nd ed. (Quakertown, PA: Stylus Publishing, 2002); William D. Barrick e Irvin A. Busenitz, *A Grammar for Biblical Hebrew* (Sun Valley, CA: GBI Books, 2011).

probablemente has caído en la tentación de no ponerle mucha atención a la gramática del texto. Todas estas responsabilidades de ministerio toman mucho tiempo y probablemente no crees que tienes suficiente tiempo como para mantener tu gramática hebrea y griega al día. Después de todo, quizás, ya hayas desarrollado tu "sistema" para hacer un buen trabajo de entender el pasaje con buenos comentarios y algunas observaciones del texto en español, sin considerar la gramática del idioma original.

Pero no puedes saltarte este paso. Es vital que examines las características gramaticales y sintácticas del texto hebreo, para entender correctamente lo que el pasaje está diciendo. Recuerda que una "interpretación [correcta] es el resultado de poner una cuidadosa atención a los detalles, al contexto, y lo que el texto dice".[86] Entonces permítenos ayudarte a realizar este paso al recordarte lo que necesitas buscar. La siguiente sección es un repaso breve de lo que creemos que son los aspectos más importantes de gramática y sintaxis hebrea. Esta sección está diseñada para ser usada como una herramienta de consulta rápida que puedes examinar conforme trabajas en este paso de tu estudio. Cada división de la sección incluye notas a pie de página con las páginas en donde tus libros de texto de gramática hebrea presentan el tema. Esto te permitirá regresar a tus libros de texto para aclarar, repasar o quizás investigar en mayor profundidad un concepto específico. Para aquellos que pueden leer inglés, dos gramáticas más son incluidas como referencias para proveer ayuda adicional para su estudio.

– Los acentos[87]

Desde un punto de vista exegético, los acentos nos dan una idea de la interpretación masorética tradicional del texto. Podemos verlos como un comentario antiguo del texto. Esta es la razón por la que es útil ponerles atención. Conforme analizas el texto, recuerda que los acentos principales están divididos en dos categorías: disyuntivos y conjuntivos. Los acentos disyuntivos más importantes son:

1. *Silluq* es una pequeña línea vertical que se coloca de lado izquierdo de la vocal (), debajo de la sílaba tónica de la última palabra. *Silluq* marca el punto en donde el versículo debe detenerse.

---

[86] William D. Barrick, "Exegetical Fallacies: Common Interpretive Mistakes Every Student Must Avoid", *MSJ* 19, n. 1 (Spring 2008): 27.

[87] Barrick y Busenitz, *Grammar for Biblical Hebrew*, 42–48, y Putnam, *Bible Insert*, §4.1–3. Véase tambien Friedrich Gesenius y Wilhelm Gesenius, *Gesenius' Hebrew Grammar*, ed. E. Kautzsch y Sir Arthur Ernest Cowley, 2nd ed. (Oxford: Clarendon Press, 1910), 57–67; Bruce K. Waltke and M. O'Connor, *An Introduction to Biblical Hebrew Syntax* (Winona Lake, IN: Eisenbrauns, 1990), 28–30.

2. *Athnach* muestra la división principal del versículo, marcando su división lógica. Este acento es una flecha pequeña y siempre se coloca debajo de la sílaba acentuada (॒).

3. *Zaqeph qaton* divide las dos mitades marcadas por el *athnach*. Algunas veces sobrepasa al *athnach* como el divisor más importante del versículo. El *Zaqeph qaton* son dos puntos verticales que se ven como una *shewa* colocada arriba de la sílaba (֔).

La segunda categoría de acentos es la de los acentos conjuntivos. El más importante y que aparece con mayor frecuencia es el *Múnach*. Cuando el *múnach* es colocado debajo de una palabra, muestra que la palabra no debe ser separada de la palabra que le sigue. Este acento se ve como una "L" al revés (֑).

– El artículo y la interrogación[88]

Si una palabra es indefinida en hebreo, normalmente se muestra por el contexto. En contraste a esto, el artículo definido (ה) siempre está pegado de manera inseparable a la palabra, normalmente por un *pathach* seguido por el *dagesh* fuerte en la primera letra de la palabra:

קוֹל una voz   הַקּוֹל la voz

Es fácil confundir el artículo con la ה interrogativa porque ambos son representados por la misma letra. Hay dos claves para distinguirlas:

1. Mientras que el artículo siempre está pegado a nombres y no a verbos, la ה interrogativa siempre está pegada a verbos.

2. La ה interrogativa normalmente va pegada de manera inseparable a la primera palabra de una oración o cláusula.

El hebreo normalmente presenta una pregunta de las siguientes tres maneras:

1. Con una ה interrogativa.

2. Con el pronombre personal interrogativo מִי el cual significa *¿quién?* (cuando es sujeto) o *¿a quién?* (cuando es objeto). Su forma nunca cambia y siempre es usado en referencia a personas, no cosas.

3. Con el pronombre interrogativo מָה el cual normalmente significa *¿qué?* Pero ocasionalmente significa *¿cómo?* Este pronombre solo es usado en referencia a cosas.

---

[88] Barrick y Busenitz, *Grammar for Biblical Hebrew*, 49–52, y Putnam, *Bible Insert*, §1.4.1–3j. Véase también Gesenius, *Hebrew Grammar*, 404–10; Waltke y O'Connor, *Biblical Hebrew*, 235–52; 315–18.

Cuando encuentres los pronombres interrogativos, siempre son seguidos por una línea horizontal corta (ˉ) llamada *maqqeph*. El *maqqeph* es usada para unir palabras, indicando que deben ser pronunciadas como si fueran una palabra.

– Preposiciones[89]

Las preposiciones son palabras que indican una relación entre un nombre y un verbo, un adjetivo u otro nombre. Introducen frases (llamadas frases preposicionales) que modifican una palabra adverbialmente (si la palabra es un verbo o adjetivo), o adjetivamente (si la palabra es un nombre). Por ejemplo, en la frase "él envió al rey", la frase preposicional "al rey", modifica el verbo "envió" adverbialmente.

Las preposiciones en hebreo pueden ser divididas en dos grupos: inseparables e independientes. Las que son inseparables no pueden funcionar por sí mismas y, por lo tanto, tienen que estar pegadas de manera inseparable a las palabras que gobiernan. Hay tres preposiciones inseparables y estos son sus significados generales:

בְּ   *a, para*
כְּ   *como, parecido, similar, según, de acuerdo*
לְ   *a, para, hacia*

מִן es una preposición única y normalmente significa de/desde. Es única porque puede estar pegada o separada de una palabra.

– Conjunciones y el pronombre relativo[90]

Las conjunciones unen palabras, frases, cláusulas y oraciones. La conjunción predominante en hebreo es וְ y está pegada inseparablemente a la palabra que gobierna. Mientras que el contexto determina el significado específico de וְ, algunos de sus significados potenciales son entonces, pero, con, esto es, también, si, debido a, desde, porque, para que, que y por lo tanto.

El pronombre relativo hebreo es אֲשֶׁר y significa quién, a quién, cuál y que. אֲשֶׁר actúa como una conjunción que muestra una relación.

---

[89] Barrick y Busenitz, *Grammar for Biblical Hebrew*, 55–59. Véase también Gesenius, *Hebrew Grammar*, 377–84; Waltke y O'Connor, *Biblical Hebrew*, 187–225.

[90] Barrick y Busenitz, *Grammar for Biblical Hebrew*, 61–65, y Putnam, *Bible Insert*, §3.2–3.3.3. Véase también Gesenius, *Hebrew Grammar*, 305–7; Waltke y O'Connor, *Biblical Hebrew*, 647–55.

– Nombres y adjetivos[91]

En hebreo solo hay dos géneros: masculino y femenino. No hay neutro. Aquello que es considerado masculino y femenino es señalado como *común*. El género y número de nombres y adjetivos son identificados de la siguiente manera:

1. Los nombres y adjetivos que son masculino singular (ms), no tienen una forma especial o sufijo para indicar su género.
2. Los nombres y adjetivos que son femenino singular (fs), normalmente incluyen el sufijo הָ.
3. Los nombres y adjetivos que son masculino plural (mp), normalmente son identificados por el sufijo ים. añadido a la forma masculina singular.
4. Los nombres y adjetivos que son femenino plural (fp), normalmente son identificados por el sufijo וֹת.
5. Hay ocasiones en las que el hebreo usa una terminación dual (du) identificada por el sufijo ַיִם para mostrar cosas que aparecen dos veces; especialmente cosas que aparecen naturalmente en pares.

Cuando se unen nombres y adjetivos, pueden tener dos tipos de relaciones entre ellos. Pueden ser adjetivos atributivos o adjetivos predicados y son identificados de la siguiente manera:

1. Los adjetivos atributivos modifican el nombre con el que están relacionados. Por ejemplo, טוֹב אִישׁ = *un buen hombre*.
2. Los adjetivos predicados son usados como predicados en relación con un nombre. Por ejemplo, הַדָּבָר טוֹב = *la palabra (es) buena*.

– El estado constructo[92]

Cuando dos o más nombres están conectados de manera cercana en una relación genitiva, forman una idea compuesta. En ese caso, se dice que la palabra dependiente está en estado *constructo*, mientras que la palabra independiente está en estado *absoluto*. El estado constructo puede ser identificado por el uso del *maqqeph*. Pero hay casos en los que los nombres pueden estar en estado *constructo* sin un *maqqeph*. De hecho, el *maqqeph* puede conectar palabras que no están en estado *constructo*. Para expresar una relación *constructa*, la palabra en estado *constructo* normalmente está unida al estado *absoluto* por la preposición "de".

---

[91] Barrick y Busenitz, *Grammar for Biblical Hebrew*, 67–76, y Putnam, *Bible Insert*, §1.7–1.7.4. Véase también Gesenius, *Hebrew Grammar*, 427–32, 221–46; Waltke y O'Connor, *Biblical Hebrew*, 83–94.

[92] Barrick y Busenitz, *Grammar for Biblical Hebrew*, 79–85, y Putnam, *Bible Insert*, §1.8.1. Véase también Gesenius, *Hebrew Grammar*, 421–22; Waltke y O'Connor, *Biblical Hebrew*, 138–56.

– Pronombres personales, objeto definido y acusativo antiguo[93]

Los pronombres personales son palabras que toman el lugar de nombres y cláusulas de nombres. Hay dos tipos de pronombres personales en hebreo: pronombres personales y sufijos pronominales. Mientras que los pronombres personales aparecen como palabras separadas, los sufijos pronominales son añadidos a otras palabras de manera inseparable. Recuerda que los sufijos pronominales para los nombres también van pegados a las preposiciones, para expresar persona, género y número.

Otro concepto importante en esta sección es el marcador de objeto directo. Cuando un verbo activo gobierna a un objeto directo definido, el escritor usa la partícula אֵת o אֶת para evitar confundir el sujeto con el objeto. אֶת indica que la siguiente palabra, frase o cláusula es un objeto directo del verbo.

Una última partícula en esta sección es el acusativo antiguo o la הַ locativa. Este es un sufijo que se añade a una palabra para expresar dirección o movimiento hacia algún lugar o hacia algo, añadiendo הַ. Siempre es usada con un nombre que no es una persona. Por ejemplo, הַשָּׁמַיְמָה = *hacia los cielos* (Gn 15:5).

– Verbos, prohibiciones y comparaciones[94]

El verbo hebreo se caracteriza por los siguientes siete rasgos esenciales:

1. Normalmente se forma por tres letras de raíz.
2. La manera en la que expresa tipo de acción, modo, persona, género y número es mediante puntuación de vocales y prefijos y sufijos añadidos a la raíz de tres letras.
3. La raíz normalmente está en tercera persona, masculino singular de la forma perfecta o *qatal*.
4. Solo el contexto determina el tiempo del verbo.
5. El orden normal de las palabras en el hebreo es: verbo-> sujeto-> objeto.
6. El verbo ocurre en dos formas:
   a. Perfecto (*qatal*) —sufijos son añadidos a la raíz de tres letras.
   b. Imperfecto (*yiqtol*) —prefijos son añadidos a la raíz de tres letras.
7. El verbo puede ocurrir primordialmente en siete conjugaciones diferentes. Solo unos cuantos verbos ocurren en las siete conjugaciones en la Biblia hebrea:

---

[93] Barrick y Busenitz, *Grammar for Biblical Hebrew*, 87–90, y Putnam, *Bible Insert*, §1.5. Véase también Gesenius, *Hebrew Grammar*, 362–66, 437–41; Waltke y O'Connor, *Biblical Hebrew*, 290–97.

[94] Barrick y Busenitz, *Grammar for Biblical Hebrew*, 96–99, 113–18, y Putnam, *Bible Insert*, §2.1. Véase Gesenius, *Hebrew Grammar*, 114–22, 160–2, 478–83; Waltke y O'Connor, *Biblical Hebrew*, 343–452.

a. *Qal*, la cual se refiere a un tipo de acción que es activa simple.
b. *Nifal*, la cual se refiere a un tipo de acción que es pasiva simple.
c. *Hifil*, la cual se refiere a un tipo de acción que es causativa activa.
d. *Hofal*, la cual se refiere a un tipo de acción que es causativa pasiva.
e. *Piel*, la cual se refiere a un tipo de acción que es factitiva activa.
f. *Pual*, la cual se refiere a un tipo de acción que es factitiva pasiva.
g. *Hitpael*, la cual se refiere a un tipo de acción que es factitiva reflexiva.

Después de este repaso del verbo hebreo, estudiaremos con mayor detalle las dos formas del verbo hebreo.

La fuerza primordial del perfecto (*qatal*) expresa la acción misma como más prominente que el actor o el objeto de cualquier elemento adverbial que califica la acción. La forma *qatal* ve la situación como un todo (completa, no terminada) e indica el hecho simple de la acción o estado. El *qatal* es formado al añadir las terminaciones de pronombre personal a la raíz de la tercera persona masculino singular.

En contraste al *qatal*, el *yiqtol* enfatiza lo opuesto del *qatal*. La fuerza primordial del imperfecto (*yiqtol*) expresa el sujeto, objeto o circunstancias como más prominentes que la acción misma. Esta prominencia se debe al hecho de que el prefijo precede a la raíz. Los verbos imperfectos ven una acción o situación desde adentro, enfocándose en el progreso interno de la acción. De esta manera, pueden involucrar acciones que son repetitivas, habituales, en proceso (continuas), o terminadas desde el punto de vista del escritor. Es muy importante recordar que solo el contexto determina el tiempo del imperfecto. Así como con el *qatal*, la raíz provee la base de la formación del *yiqtol*, conforme los prefijos son añadidos para expresar persona, género y número.

Dentro del imperfecto, tenemos imperfectos enfáticos o modales. Esto significa que la forma imperfecta del verbo puede ser usada para expresar varios énfasis y modos. A estos también se les conoce como verbos modales. Las tres categorías de verbos modales son cohortativo, yusivo e imperativo. Mientras que el modo indicativo es asumido en el hebreo, mantén en mente que el cohortativo y el yusivo pertenecen a la categoría amplia del modo subjuntivo.

Exegéticamente, el cohortativo expresa énfasis, deseo, permiso o intención. Mientras que el yusivo expresa intención, determinación, deseo, petición, permiso o propósito. El imperativo es el modo que expresa un mandato.

Al pensar en el imperativo, mantén en mente que las prohibiciones no usan el modo imperativo; son identificadas por el uso de dos partículas negativas: לֹא y אַל. Hay una diferencia entre ambas. Normalmente, לֹא apunta a prohibición permanente; esto es, *nunca hagas algo*. Observa el uso de esta partícula en Éxodo 20:13: *Nunca matarás.* אַל apunta a una prohibición más inmediata y es usada frecuentemente con el yusivo imperfecto. Esta es la partícula en Rut 1:16: *(En este momento) no me pidas que te deje.*

Un último tema que considerar en esta sección es el de comparación. Una de las maneras en las que el hebreo expresa comparación, es al unir la preposición מִן al objeto de comparación.

– Verbos estativos[95]

Los verbos *estativos* denotan un estado de ser. Normalmente este tipo de verbos son traducidos en español por alguna forma del verbo *ser*. Los verbos *fientivos* denotan movimiento o acción.

– El participio[96]

El participio corresponde al participio en español que normalmente termina en *-ado, -ido*. Un participio es una forma nominal de un verbo, que es empleado con un verbo auxiliar (una forma de *ser*) para indicar actividad continua o característica. Tres claves te ayudarán a identificar los participios *Qal*:

1. Si es un *Qal* activo participio, una *holem* arriba de la primera letra de la raíz estará presente. Ocasionalmente esta *holem* aparece como una vocal *holem* de letra completa. Si es un *Qal* participio pasivo, encontrarás una *shureq* de letra completa entre la segunda y tercera letra de la raíz.
2. Las terminaciones de los nombres.
3. El sujeto acompañante (véase ejemplo de Gn 14:12, arriba).

– El infinitivo[97]

Nuestro repaso del infinitivo está dividido en dos partes: el infinitivo constructo y el infinitivo absoluto. El infinitivo constructo es un nombre verbal cuya forma es idéntica a la de un imperativo masculino singular. La mayoría de los constructos infinitivos en la Biblia Hebrea, tienen la preposición לְ como un prefijo. Tiene semejanzas al gerundio en español (nombres verbales terminando en *-iendo*). Exegéticamente, expresa existencia o acción sin referencia a la persona, género o número. También puede enfatizar la existencia de propósito. De una manera semejante al aoristo en griego, enfatiza

---

[95] Barrick y Busenitz, *Grammar for Biblical Hebrew*, 138–39, y Putnam, *Bible Insert*, §2.1.1a–b. Véase también Gesenius, *Hebrew Grammar*, 114–54; Waltke y O'Connor, *Biblical Hebrew*, 351–452.

[96] Barrick y Busenitz, *Grammar for Biblical Hebrew*, 119–22, y Putnam, *Bible Insert*, §2.2.5. Véase también Gesenius, *Hebrew Grammar*, 355–61; Waltke y O'Connor, *Biblical Hebrew*, 612–31.

[97] Barrick y Busenitz, *Grammar for Biblical Hebrew*, 125–27, y Putnam, *Bible Insert*, §2.2.6–7. Véase también Gesenius, *Hebrew Grammar*, 339–55; Waltke y O'Connor, *Biblical Hebrew*, 580–611.

el hecho del acto en lugar del hacer del acto. Génesis 3:24 provee un ejemplo de un infinitivo: *guardando*.

El infinitivo absoluto es un nombre verbal cuya forma *Qal* normalmente tiene una *holem-waw* entre la segunda y tercera letra de la raíz. La mayoría de las veces está acompañado por un verbo finito. El infinitivo absoluto aparece en dos formas diferentes, con implicaciones exegéticas significativas:

1. Cuando se presenta *antes* del verbo finito, normalmente enfatiza o fortalece la fuerza del verbo. Este es el *prepositivo intensivo congnado infinitivo absoluto* (PI CIA). Deuteronomio 6:17 presenta un ejemplo de un PI CIA: *Ciertamente guardarás los mandamientos de Yahweh tu Dios.*

2. Cuando *sigue* al verbo finito, normalmente sugiere duración o continuidad. Esta construcción es el *postpositivo continuo cognado infinitivo absoluto* (PC CIA). Job 13:17 presenta un ejemplo de un PC CIA: *Continúa escuchando mis palabras.*

– Waw-correlativa y Waw-consecutiva[98]

Además de ser usada como una conjunción simple, la *waw* es usada de dos maneras adicionales y exegéticamente significativas.

La *waw*-correlativa (*weqatal*) es una *waw* simple que va pegada de manera inseparable a la forma perfecta (*qatal*) del verbo. Únicamente aparece con el perfecto. La *waw*–correlativa aparece con más frecuencia en contextos proféticos y, por lo tanto, su enfoque temporal normalmente es futuro por contexto. El género del pasaje y el contexto, te ayudarán a determinar si una *waw* pegada a un verbo perfecto es una conjunción simple (como en la narrativa histórica) o una *waw*-correlativa (usada primordialmente en literatura profética).

La *waw*-consecutiva (*wayyiqtol*) es una *waw* simple pegada de manera inseparable a la forma imperfecta (*yiqtol*) del verbo. Únicamente aparece con el imperfecto. La *waw*-consecutiva aparece con mayor frecuencia en narrativas y representa acciones que son secuencialmente temporales o lógicas por naturaleza. Debido a que los contextos en los que aparece la *waw*-consecutiva narran acontecimientos pasados, su enfoque temporal está en el pasado.

Una manera adicional en la que la *waw* es usada es con el verbo perfecto הָיָה y su contraparte imperfecta. Estos dos verbos aparecen con frecuencia con la *waw* como la primera palabra de un libro, sección o párrafo. Por lo tanto, actúan como marcadores macrosintácticos. Mientras que hay

---

[98] Barrick y Busenitz, *Grammar for Biblical Hebrew*, 141–43, y Putnam, *Bible Insert*, §2.2.3, 3.2. Véase también Gesenius, *Hebrew Grammar*, 326–39; Waltke y O'Connor, *Biblical Hebrew*, 496–501, 519–63.

ocasiones en las que no necesariamente apuntan a una secuencia de aconte-cimientos, hay otras ocasiones en las que el pasaje que presenta una cláusula temporal, presenta acciones secuenciales. Este último es el caso con Josué 1:1: *Después de que Moisés el siervo de Yahweh murió, Yahweh habló a Josué el hijo de Nun.*

Una vez que has identificado las características gramaticales/sintácticas claves del texto que estás estudiando, ahora puedes pasar al siguiente paso.

7. Diagrama el texto (si tienes tiempo)

El séptimo paso es el diagrama del texto.[99] Si no tienes tiempo para el dia-grama, puedes pasar al octavo paso. Recuerda que un diagrama presenta un despliegue visual de las relaciones sintácticas entre las palabras. Puedes facilitar este paso al concentrarte primero en los verbos, sujetos y objetos, mientras que mantienes en mente los acentos masoréticos (véase arriba, bajo el paso seis).

8. Desarrolla una proposición y bosquejo exegéticos

En el octavo paso necesitas desarrollar una proposición y bosquejo exegé-ticos.[100] Esto es, expresa lo que el texto dice con palabras simples en forma de una proposición y su bosquejo. Recuerda que la proposición exegética expresa lo que el texto dice de una manera clara y comprimida.

9. Examina dónde encaja el pasaje teológicamente

El noveno paso es el último en el proceso: examina dónde encaja el pasaje teológicamente.[101] Grudem nos recuerda de la importancia de hacer esto:

> Debido a que la Biblia es una unidad (tiene un Autor divino a través de muchos autores humanos), hay muchos temas que se desarrollan y crecen desde Génesis hasta Apocalipsis. Por lo tanto, para cada elemento significativo en cualquier texto, es útil preguntar, "¿En dónde comenzó este tema en la Biblia? ¿Cómo se desarrolló este tema a lo largo de la Biblia y en dónde va a terminar este tema en la Biblia?".[102]

Puedes usar comentarios y teologías sistemáticas[103] para ayudarte en este paso. Asegúrate de que también consultes varias referencias cruzadas que

---

[99] Craig, *Interpretation*, 264.

[100] Robert B. Chisolm, Jr., *From Exegesis to Exposition: A Practical Guide to Using Biblical Hebrew* (Grand Rapids: Baker Books, 1998), 190–91.

[101] Stuart, *Old Testament Exegesis*, 24.

[102] Grudem, *Preach the Word*, 73.

[103] Tales como Louis Berkhof, *Systematic Theology* (Grand Rapids: Eerdmans Publishing, 1996);

has encontrado mediante tu estudio, recordando interpretarlas dentro de su contexto. Concéntrate en referencias que te ayudarán a entender mejor el texto.[104]

Conforme estudias el texto, recuerda que el centro de la Biblia entera es Jesucristo. Todo el Antiguo Testamento lleva a Él y apunta a Él, y el Nuevo Testamento entero fluye de Él. Por lo tanto, siempre debemos preguntar, "¿Qué nos dice este texto acerca de la grandeza de Cristo?".[105]

Conforme avanzas a lo largo de este último paso, también recuerda considerar el uso del texto del AT en el NT. Este es un paso invaluable en el que debes buscar identificar el propósito para el cual el texto del AT es citado en el NT. También debes identificar si el autor del NT cambió la cita o el uso presentado por el autor original en el texto del AT.

Conforme usas diferentes comentarios en tu estudio, recuerda ser selectivo —es mejor usar unos cuantos comentarios buenos que explican el texto junto con problemas de interpretación, que usar muchos que no te ayudan a entender los detalles del texto.

Estos pasos tienen la intención de ser una guía para ayudarte a realizar una exégesis del texto hebreo, no un conjunto rígido de pasos. Tal como dijimos, muchas veces en clase, desarrollarás tu propia metodología de estudio al cubrir varios de estos pasos simultáneamente o quizás cambiando el orden aquí y allá. Con el tiempo, como probablemente ya lo estás haciendo, será más fácil y quizás estés cubriendo algunos de los pasos mentalmente —tal como el diagrama del texto.

Conforme avanzas en tu estudio del texto del Antiguo Testamento, puedes regresar a este capítulo para recordar estos principios, que te pueden ayudar a "presentarte a Dios aprobado, como obrero que no tiene de qué avergonzarse, que usa bien la palabra de verdad" (2Ti 2:15). En el siguiente capítulo, repasaremos principios específicos para interpretar y predicar los diferentes géneros del Antiguo Testamento.

Lewis S. Chafer, *Systematic Theology*, ed. by John F. Walvoord (Wheaton: Victor Books, 1988); Millard J. Erickson, *Christian Theology*, 2nd ed. (Grand Rapids: Baker Books, 1998; y Wayne Grudem, *Systematic Theology* (Grand Rapids: InterVarsity Press, 1994).

[104] Conforme trabajas con referencias cruzadas, recuerda dos fuentes que son útiles en este paso: Robert L. Thomas, ed., *New American Standard Exhaustive Concordance of the Bible* (Nashville: A. J. Holman, 1981), y R. A. Torrey, *The Treasury of Scripture Knowledge* (Nashville: Thomas Nelson Publishers, 2002).

[105] *Ibid.*, 69.

Capítulo IV

Recuerda la exégesis hebrea (Parte II)

En el capítulo tres explicamos en detalle el proceso exegético de nueve pasos aplicado a un texto del Antiguo Testamento. El segundo paso de ese proceso consiste en identificar el género literario del pasaje que estás estudiando. Debido a que "las formas literarias del Antiguo Testamento son tan diversas y algunas veces complejas",[106] vamos a apartar el capítulo cuatro para repasarlas. En este capítulo nos enfocaremos en proveer claves para ayudarte a interpretar con precisión los diferentes géneros que se encuentran en el Antiguo Testamento. Los cinco géneros presentados en este capítulo son: narrativa, ley, Salmos, literatura de sabiduría y profecía.

Principios clave para interpretar la narrativa

Hay una gran cantidad de porciones narrativas en el Antiguo Testamento. De hecho, "podrían constituir la mitad de ambos testamentos".[107] Por lo tanto, estos principios te ayudarán a estudiar una gran cantidad de pasajes en el Antiguo Testamento. Hay cuatro principios que debes mantener en mente conforme realizas una exégesis de pasajes narrativos.

En primer lugar, recuerda que el personaje primordial es Dios. Kaiser explica las implicaciones exegéticas de este principio:

> Esto no es sorprendente, ya que en casi toda porción narrativa Dios está presente de manera explícita o por implicación. Por lo tanto, la atención del expositor debe centrarse en el papel de Dios en la narrativa. Esto nos recuerda que todos los esfuerzos por concentrarnos en el personaje humano en una historia, mientras que no identificamos las acciones de Dios en la narrativa, están mal... De la misma manera, una de nuestras preguntas clave al determinar la caracterización de una narrativa es: ¿Qué está Dios haciendo en esta escena? ¿Qué es lo que el

---

[106] Sandy y Giese, *Cracking Old Testamenf Codes*, 2.
[107] Kaiser, *Preaching from the Old Testament*, 63.

escritor de esta Escritura está tratando de decir en la narrativa mediante su punto de vista en particular, conforme encaja con su propósito general al escribir?[108]

En segundo lugar, estudia y predica porciones grandes del texto bíblico,[109] para predicar la trama en su totalidad. Mantén en mente que los pasajes narrativos siguen una trama simple: van de un punto pacífico, levantándose hacia un clímax y terminando de nuevo en una nota de paz.[110] Identificar estos elementos en la trama también pueden ayudarte a bosquejar la narrativa y, de esta manera, mantener la unidad en su estructura.

En tercer lugar, no te saltes el contexto ni la intención del autor del pasaje para alcanzar un mensaje o aplicación ligada a una palabra o frase aislada en el texto.[111]

En cuarto lugar, observa si el texto aprueba o desaprueba o meramente reporta las acciones de una persona. La pregunta sobre si una acción está bien o mal, debe ser respondida por la enseñanza explícita de las Escrituras, no porque alguien actúa en una porción narrativa y no es claro si Dios la aprobó o no.[112] Un ejemplo clásico de esto es Rahab en Josué 2:4-6. Mientras que Hebreos 11:31 la usa como ejemplo de fe, nunca aprueba su mentira. De hecho, tanto el Antiguo (Éx 20:16) como el Nuevo Testamento (Col 3:9) enseñan que Dios siempre desaprueba la mentira.

Las palabras de Deuel llevan esta sección a una conclusión apropiada:

> Predicar narrativa es importante. Si el expositor se ha comprometido con predicar "todo el consejo de Dios", pronto se dará cuenta de que una gran porción de las Escrituras es narrativa o semejante a narrativa. Debido a que la narrativa sigue una trama: (1) tiene impacto literario, (2) está organizada, (3) es eterna y universal, (4) expresa experiencia y, (5) es difícil de reducir. A la luz de estos factores, el expositor hace bien en mantener el formato de la trama.

> Predicar la trama en su totalidad tiene la ventaja de guardar a uno de caer en por lo menos tres errores comunes en la interpretación de narrativa: (1) evadir la estructura unificadora de la narrativa por causa del concepto del formato del predicador, (2) buscar detalles en la narrativa meramente para ilustrar el Nuevo Testamento y otros pasajes del Antiguo Testamento y, (3) limitar la narrativa a una reflexión ética de la ley.

---

[108] *Ibid.*, 70.

[109] Scott J. Duvall y J. Daniel Hayes, *Grasping God's Word: A Hands-On Approach to Reading, Interpreting, and Applying the Bible* (Grand Rapids: Zondervan Publishing, 2005), 224.

[110] Shimon Bar-Efrat, "Some Observations on the Analysis of Structure in Biblical Narrative", *VT* 30, n. 2 (1980): 165.

[111] Duvall y Hayes, *Grasping God's Word*, 231. Véase también Sandy y Giese, *Cracking Old Testament Codes*, 86–87.

[112] Grudem, *Preach the Word*, 63.

Al predicar narrativa, uno debe quitar las luces de los héroes… y colocarlas en el único personaje en la historia que es digno de alabanza: Dios. Quizás debido a ese enfoque, aquellos que predican harán de Dios el enfoque de la historia de sus vidas. Como resultado, la conducta humana probablemente también mejorará.[113]

¿Qué hay acerca de esos pasajes en el Pentateuco que son narrativos, pero también incluyen leyes específicas para Israel? Este es otro género que repasaremos en la sección que veremos a continuación.

Principios clave para interpretar la Ley

La palabra "Ley" simplemente es otro término que se usa para referirse al Pentateuco, el cual es primordialmente narrativa.[114] Si es primordialmente narrativa, ¿por qué no tratarlo como parte del género narrativo? Mientras que los principios para interpretar narrativa se aplican al Pentateuco, también posee características que son únicas y, de esta manera, nos llevan a tratarlo de manera separada. De esta forma, la siguiente lista de seis características de este género, pueden ayudarte a interpretarlo correctamente:[115]

1. La ley del AT no es un mandato directo para nuestro día.
2. La ley del AT es la base del Antiguo Pacto y, por lo tanto, de la historia de Israel.[116]
3. La ley del AT no es obligatoria para el cristiano en el Nuevo Pacto, excepto donde es renovada de manera específica.[117]
4. La justicia, amor y santidad de Dios son reveladas en la Ley del AT.
5. La esencia de la Ley del AT son los Diez mandamientos, resumidos en las dos leyes primordiales (Mt 22:36-40). Excepto por la ley del día de reposo (Col 2:16), estas son repetidas en el NT.
6. La Ley del AT es un regalo generoso para Israel trayendo mucha bendición cuando es obedecida.[118]

---

[113] David C. Deuel, "Expository Preaching from Old Testament Narrative", en *How to Preach Biblically,* ed. John F. MacArthur (Nashville: Thomas Nelson Publishers, 2005), 234–35.

[114] Kaiser, *Preaching from the Old Testament,* 141. Dentro de las porciones narrativas que describen la construcción del tabernáculo (Éx 25–31; 35–40), hay instrucciones para los sacerdotes. Estas son leyes rituales para los sacerdotes, como es señalado por V. Hurowitz, "The Priestly Account of Building the Tabernacle", *JAOS* 105 (1985), 21–30.

[115] Fee y Stuart, *How to Read the Bible,* 163–64.

[116] E. Gerstenberger, "Covenant and Commandment", *JBL* 84 (1965): 46. Véase también Patrick, D. "Casuistic Law Governing Primary Rights and Duties". *JBL* 92 (1973): 180–81. G. M. Tucker, "Covenant Forms and Contract Forms", *VT* 15, n. 4 (1965), 500.

[117] Para un trato detallado de este tema, véase Wayne G. Strickland, ed., *The Law, the Gospel, and the Modern Christian: Five Views* (Grand Rapids: Zondervan Publishing, 1993).

[118] R. W. Pierce, "Covenant Conditionality and a Future for Israel", *JETS* 37, n. 1 (1994), 27–38.

Como señalamos al principio de esta sección, los pasajes narrativos y legales tienen semejanzas. En la siguiente sección, veremos otro género que es muy diferente de estos dos primeros: Salmos.

Principios clave para interpretar los Salmos

Cuando estudias los Salmos, necesitas recordar que estás trabajando con expresiones poéticas de adoración.[119] Son ejemplos en dos áreas: 1) cómo un creyente puede hablar y cantar a Dios[120] y; 2) cómo un creyente puede meditar acerca de Dios y lo que Él ha hecho.[121] Veremos tres principios que necesitas mantener en mente conforme estudias los Salmos.

Primero, los Salmos se dividen en tres categorías: alabanza, gratitud y lamento.[122] El desarrollo del sermón debe seguir y enfocarse en una de estas tres categorías temáticas.[123]

Segundo, debido a que cada salmo normalmente expresa una unidad de pensamiento, sugerimos que prediques un salmo entero en un sermón.[124]

Tercero, cuando prediques los salmos, recuerda que ya no estamos bajo el pacto mosaico, sino bajo el nuevo pacto.[125]

Desde el punto de vista de la poesía, el género que se relaciona con los salmos es literatura de sabiduría. Veremos este género en la siguiente sección.

Principios clave para interpretar la literatura de sabiduría

Antes de que veamos unos cuantos principios de interpretación para estos libros, necesitas evitar un error de interpretación que se comete con frecuencia. Los libros de sabiduría se equilibran los unos a los otros teológicamente, y si alguno de ellos es leído fuera del contexto de los otros, pueden ser fácilmente malentendidos.[126] Por ejemplo, el libro de Job hace un fuerte contraste con Proverbios, conforme muestra excepciones a las normas expresadas en Proverbios. Con esta advertencia en mente, repasaremos algunos principios que se aplican a cada libro en particular.

Cuando estudias Proverbios, recuerda los siguientes cuatro principios:[127]

1. Los Proverbios individuales reflejan principios generales de sabiduría, no verdades universales ni garantías legales de Dios que cubren todo aspecto de la vida.

---

119 Fee y Stuart, *How to Read the Bible*, 204–5.
120 Chisolm, *From Exegesis*, 225.
121 Fee y Stuart, *How to Read the Bible*, 187.
122 Duvall y Hayes, *Grasping God's Word*, 278.
123 *Ibid.*, 278.
124 *Ibid.*, 278.
125 *Ibid.*, 283.
126 *Ibid.*, 274–75.
127 *Ibid.*, 225–26, 274–81.

2. Proverbios 1–9 y 30:1-31:31 son reflexiones acerca de la vida, seguidas de amonestaciones y ejemplos. El resto de Proverbios (capítulos 10–29) está constituido de varios proverbios que expresan una verdad de sabiduría, sin ningún orden aparente. Por lo tanto, sugerimos que cuando prediques Proverbios 1–9, 30:1-31:31, prediques unidades enteras de texto y en Proverbios 10–29, predica temáticamente.

3. Frecuentemente son figurados, apuntando más allá de sí mismos.

4. Son expresados para ser memorables, no para ser precisos en términos técnicos.

Cuando estudies y prediques a lo largo de Job y Eclesiastés, asegúrate de que siempre prediques sermones a la luz de los mensajes generales de cada libro.[128]

Finalmente, cuando estudias Cantar de Cantares, recuerda que el contexto es el matrimonio monógamo heterosexual. En este contexto ambos cónyuges se concentran en cómo pueden responder fielmente al atractivo de cada uno, y satisfacer las necesidades el uno del otro.[129]

Estos principios pueden ayudarte a evitar errores de interpretación cuando estudias literatura de sabiduría. En nuestra última sección, repasaremos varios principios relacionados con la profecía.

Principios clave para interpretar la profecía

Hay seis principios que debes mantener en mente conforme estudias pasajes proféticos en el Antiguo Testamento.

Principio número uno: los profetas usan poesía para gran parte de su mensaje.[130]

Principio número dos: los libros proféticos son primordialmente colecciones de varios mensajes presentados por un profeta durante su ministerio.[131]

Principio número tres: una gran parte del ministerio de los profetas se enfoca en confrontar la desobediencia de Israel, junto con el juicio que le espera a la nación por su rebelión.[132] Normalmente, los profetas no están anunciando algo nuevo, sino que más bien están exhortando a Israel a vivir en sumisión al pacto que ya había sido establecido.[133]

Principio número cuatro: un mensaje profético típico puede ser reducido a los siguientes tres temas:[134]

---

[128] *Ibid.*, 281–82.

[129] *Ibid.*, 230.

[130] Fee and Stuart, *How to Read the Bible,* 179–80.

[131] Duvall and Hayes, *Grasping God's Word,* 251.

[132] Houston Walter, "What Did the Prophets Think They Were Doing? Speech Acts and Prophetic Discourse in the Old Testament". *Biblical Interpretation* 1 (1993), 167.

[133] Fee and Stuart, *How to Read the Bible,* 167.

[134] Duvall and Hayes, *Grasping God's Word,* 252.

- Han violado el pacto: ¡Arrepiéntanse! (De idolatría, injusticia social y/o ritualismo religioso).
- Si no hay arrepentimiento, entonces viene el juicio.
- Sí, hay esperanza más allá del juicio para una restauración gloriosa y futura.

Una vez que identificas uno o todos estos temas en este pasaje, te ayudarán a identificar implicaciones prácticas para la audiencia contemporánea (véase "Principios para identificar implicaciones prácticas", en el capítulo seis).[135]

Principio número cinco: No apliques verdades del AT como si tu congregación todavía estuviera bajo la ley del AT. También recuerda que, como predicador del NT, no eres un profeta del AT. Tú no recibes la revelación de Dios como un profeta en el AT la recibía —tú proclamas la revelación que Dios le dio a los profetas del AT.[136]

Finalmente, principio número seis: recuerda que los pasajes proféticos pueden tener cumplimientos múltiples.[137] Entender este principio te ayudará a reconocer que una profecía que ha sido cumplida en el pasado de cierta manera, puede esperar un cumplimiento completo en el futuro (así como Joel 2 y Hechos 2 con Apocalipsis).

Hemos cubierto varios principios que son importantes para una interpretación correcta de los géneros del Antiguo Testamento. Este capítulo concluye nuestro enfoque en el Antiguo Testamento, que comenzó en el capítulo dos con la importancia de predicar el Antiguo Testamento. Los capítulos tres y cuatro trataron de la Exégesis hebrea y ahora en el siguiente capítulo, nos concentraremos en el Nuevo Testamento.

---

[135] *Ibid.*, 256.
[136] *Ibid.*, 262.
[137] Fee y Stuart, *How to Read the Bible*, 182.

Capítulo V
Recuerda la exégesis griega

En los últimos tres capítulos, hemos repasado la importancia y principios de estudiar y predicar el Antiguo Testamento. En este capítulo, concentraremos nuestra atención en el Nuevo Testamento. El propósito de este capítulo es recordarte cómo estudiar el texto del Nuevo Testamento, para interpretarlo y predicarlo con precisión.

Este capítulo está dividido en dos secciones principales. En la primera veremos de cerca cada paso del proceso exegético aplicado al Nuevo Testamento. En la segunda sección, repasaremos los principios clave que necesitamos aplicar conforme interpretamos diferentes géneros del Nuevo Testamento.

El proceso exegético

En esta sección vamos a repasar el proceso exegético aplicado al Nuevo Testamento, junto con algunas de las características gramáticas/sintácticas elementales del idioma griego junto con sus implicaciones exegéticas.

Excepto por algunos principios de interpretación en el área de géneros, el proceso exegético aplicado al Nuevo Testamento es virtualmente el mismo que usamos para el Antiguo Testamento. Este es un panorama general de los pasos que repasaremos en esta sección:[138]

1. Identifica los límites del pasaje.
2. Identifica el género.
3. Investiga los contextos históricos y literarios.
4. Lee/observa el pasaje.
5. Traduce el texto y compara diferentes traducciones.

---

[138] Véase Gordon D. Fee, *New Testament Exegesis: A Handbook for Students and Pastors,* 3rd ed. (Louisville: Westminster John Knox, 2002), 6–7.

6. Identifica las características gramáticales/sintácticas de mayor importancia exegética.
7. Diagrama el texto (si tienes tiempo).
8. Desarrolla una proposición y bosquejo exegéticos.
9. Examina en dónde encaja el pasaje teológicamente.

Ahora veremos el proceso en detalle y te recordaremos de algunos libros clave que ya usaste durante tu preparación de seminario, junto con algunos conceptos importantes del proceso exegético aplicado al texto del Nuevo Testamento.

1. Identifica los límites del pasaje

Primero, identifica los límites del pasaje. Puedes hacer esto al familiarizarte con la estructura del libro como un todo. Esta es la razón por la que, si tienes tiempo, lee el libro varias veces, elaborando un bosquejo del libro. Si no tienes tiempo, investiga cuál es el tema y estructura del libro usando los libros apropiados.[139] Si preparaste un bosquejo del libro, compáralo con los libros arriba mencionados (bajo la nota a pie de página anterior).

2. Identifica el género

El segundo paso es identificar el género del texto —esto es, identificar qué tipo de literatura es el pasaje.[140] Una vez que identificas el género, entonces puedes aplicar los principios clave de interpretación que son apropiados para el género que estás estudiando (véase la siguiente sección en este capítulo).

3. Investiga los contextos histórico y literario

El tercer paso es investigar los contextos histórico y literario —necesitas hacer tu mejor esfuerzo por entender la atmósfera histórica que rodea al texto. También necesitas entender cómo encaja el pasaje con el texto que está antes y después del mismo. Junto con la introducción a los comentarios que estás usando, consulta en libros que tratan con material de introducción e histórico. Las siguientes preguntas te pueden ayudar a entender el contexto histórico del pasaje:[141]

---

[139] Tales como Everrett F. Harrison, *Introduction to the New Testament,* rev. ed. (Grand Rapids: Eerdmans Publishing, 1971); Packer y Tenney, *Manners and Customs.* También puedes verificar las introducciones a buenos comentarios del pasaje que estás estudiando, tales como Walvoord y Zuck, *BKC*; Hendriksen y Kistemaker, *NTC*; y John MacArthur, *MNTC.*

[140] Para confirmar que estás identificando correctamente el género del pasaje, recuerda revisar los libros que usaste en el paso uno (arriba).

[141] Fee, *New Testament Exegesis,* 8.

- ¿Quién es el autor?
- ¿Quiénes son los destinatarios?
- ¿Cuál es la relación entre ellos?
- ¿En dónde viven los destinatarios?
- ¿Cuáles son sus circunstancias actuales?
- ¿Qué situación histórica dio lugar a este escrito?
- ¿Cuál es el propósito del autor?
- ¿Cuál es el tema o preocupación general?
- ¿Acaso el argumento o narrativa tiene un bosquejo que es fácil de identificar?

4. Lee/observa el pasaje

Pasa tanto tiempo como puedas en este cuarto paso de leer y observar el pasaje. Lee el libro y el pasaje tantas veces como puedas, siendo cuidadoso en poner atención a palabras o ideas que son repetidas, pensamientos, etc.

La clave para la buena exégesis es la capacidad de hacer las preguntas correctas del texto para entender la intención del autor. Las buenas preguntas exegéticas se dividen en dos categorías primordiales: preguntas acerca del *contenido* (qué es dicho) y del *contexto* (por qué es dicho).[142]

Conforme lees el pasaje, haz las siguientes preguntas que te pueden ayudar a tener una idea inicial de lo que el autor está diciendo:[143]

- ¿Hay alguna pista de la relación entre el autor y los destinatarios?
- ¿Hay alguna pista de su trasfondo cultural o socioeconómico?
- ¿Acaso el autor dice de manera explícita algo acerca de la razón por la que escribió el pasaje? ¿Se encuentra implícito el propósito?
- ¿Qué palabras o ideas son repetidas con frecuencia?
- ¿Qué vocabulario fuera de lo común se repite?

5. Traduce el texto y compara diferentes traducciones

En el quinto paso necesitas traducir el texto y comparar diferentes traducciones (versiones) del pasaje. Este es un buen momento para identificar palabras clave para hacer un estudio de palabras conforme lo consideres necesario.[144]

---

[142] *Ibid.*, 5. Itálica en el original.

[143] *Ibid.*, 9.

[144] Tres libros útiles para este paso que conoces son Gerhard Kittel y Gerhard Friedrich, eds. *Theological Dictionary of the New Testament*, trans. y resumen de G. W. Bromiley (Grand Rapids: Eerdmans Publishing, 1985); Vine, *Expository Dictionary*; y Bullinger, *Figures of Speech*.

6. *Identifica las características gramaticales/sintácticas de mayor importancia exegética*

El paso número seis se concentra en la gramática y la sintaxis del texto.[145]Consulta libros que te ayuden a identificar características gramaticales/sintácticas que son exegéticamente significativas.[146] En el resto de este paso, repasaremos las características más importantes de la gramática griega que debes identificar. Recuerda que lo que estás haciendo en este paso es hacer observaciones gramaticales/sintácticas del texto griego. Es posible que quieras tomar notas solo de las observaciones más importantes o ser tan detallado como quieras. Tal como en la sección de gramática/sintaxis hebrea en el capítulo tres, esta sección es incluida con la intención de que sea usada como una herramienta de referencia rápida que puedes consultar. Cada división de la sección incluye notas a pie de página con las páginas en donde tu libro de Gramática griega cubre el tema. Esto te permitirá regresar a tu libro de texto para investigar en mayor profundidad un concepto dado. Para aquellos que pueden leer inglés, dos libros más son incluidos como referencias para proveer ayuda adicional para su estudio.

– Verbos y tiempo[147]

Al considerar el verbo griego, es importante comenzar recordando que el verbo describe más el tipo de acción (aspecto) que el tiempo (cuando) de la acción. Hay tres aspectos diferentes —cada uno de ellos se refiere a un tipo de acción diferente:progresivo, indefinido y perfecto. Veámoslos por separado.

1. El aspecto progresivo describe una acción continua. Es una acción que está siendo desarrollada (estoy haciendo).
2. El aspecto indefinido no especifica la acción en manera alguna, únicamente afirma que sucedió (lo hice).
3. El aspecto perfecto describe el estado de recibir los efectos de una acción que ya ha sido terminada.

---

[145] Fee, *New Testament Exegesis*, 15.

[146] Véase H. E. Dana y Julius R. Mantey, *A Manual Grammar of the Greek New Testament* (New York: MacMillian, 1955); Josiah Grauman, "Griego Para Pastores: Una Gramática Introductoria" [Greek for Pastors: An Introductory Grammar] (Textbook for Greek Grammar course, Seminario Bíblico Palabra de Gracia, Mexico, 2007); Robert Hanna, *A Grammatical Aid to the Greek New Testament* (Grand Rapids: Baker Books, 1983) y A. T. Robertson, *Word Pictures in the New Testament*, 6 vols. (Nashville: Broadman Press, 1931). Para los que pueden leer inglés, véase William D. Mounce, *Basics of Biblical Greek: Grammar*, second ed. (Grand Rapids: Zondervan Publishing, 2003); y Daniel B. Wallace, *Greek Grammar Beyond the Basics: Exegetical Syntax of the New Testament* (Grand Rapids: Zondervan Publishing, 1999).

[147] Grauman, "Gramática", 5–10, 35–58, 111–16. Véase también Mounce, *Basics*, 121–238; y Wallace, *Syntax*, 499–512.

Pero, ¿cómo es que estos tres aspectos se relacionan con el tiempo del verbo? Dos tiempos se enfocan en el aspecto progresivo del verbo, pero desde perspectivas diferentes —el presente y el imperfecto. El tiempo presente representa más la cualidad progresiva de la acción, no tanto que sucedió en el presente. Un ejemplo de esto se encuentra en Marcos 1:37: πάντες ζητοῦσίν σε = todos están [en este momento] buscándote.[148]

El tiempo imperfecto describe una acción progresiva en el pasado. De esta manera, tiene el mismo aspecto progresivo que el presente, pero la describe en el pasado. Encontramos este uso del imperfecto en Hechos 3:2: τις ἀνὴρ χωλὸς ἐκ κοιλίας μητρὸς αὐτοῦ ὑπάρχων ἐβαστάζετο = cierto hombre, quien era cojo de nacimiento, estaba siendo cargado.[149]

Otro tiempo es el futuro. El futuro se refiere a una acción indefinida en el futuro. Pero recuerda que el futuro es desde el punto de vista del autor original, no del lector contemporáneo. Así es como Pablo usa el futuro en 1Ts 4:16: οἱ νεκροὶ ἐν Χριστῷ ἀναστήσονται πρῶτον = los muertos en Cristo resucitarán primero.[150]

Los últimos dos tiempos que necesitas recordar son el aoristo y el perfecto. Ambos se relacionan con el pasado desde diferentes perspectivas:

1. El tiempo aoristo se refiere a una acción indefinida en el pasado, como lo vemos en Juan 4:20: οἱ πατέρες ἡμῶν ἐν τῷ ὄρει τούτῳ προσεκύνησαν = nuestros padres adoraron en este monte.[151]
2. El tiempo perfecto se refiere al estado presente de haber terminado una acción en el pasado, como es usado en Lucas 5:20: ἄνθρωπε, ἀφέωνταί σοι αἱ ἁμαρτίαι σου = hombre, tus pecados te son perdonados.[152]

– Voz[153]

Una vez más, al igual que en español, el verbo griego tiene voz. Esto se refiere a la relación que hay entre el sujeto y el verbo. Hay tres voces en griego:

1. La voz activa significa que el sujeto realiza la acción del verbo. Al referirse a la acción de salvar creyentes, Pablo escribe lo siguiente en Tito 3:5: κατὰ τὸ αὐτοῦ ἔλεος ἔσωσεν ἡμᾶς = conforme a su misericordia, él nos salvó.[154]

---

[148] Wallace, *Syntax,* 518.
[149] *Ibid.,* 544.
[150] *Ibid.,* 568.
[151] *Ibid.,* 558.
[152] *Ibid.,* 576.
[153] Grauman, "Gramática", 6, 35–36. Véase también Mounce, *Basics,* 126, 224–38; y Wallace, *Syntax,* 407–41.
[154] Wallace, *Syntax,* 411.

2. La voz media es mejor entendida como enfatizando al sujeto de alguna manera, o como el sujeto haciendo la acción por sí mismo para su propio beneficio. El suicidio de Judas nos da un ejemplo de la voz media, en Mt 27:5: ἀπήγξατο = se ahorcó a sí mismo.

3. La voz pasiva significa que el sujeto recibe la acción del verbo. Las palabras conocidas de Santiago 1:13 muestran el uso de la voz pasiva: μηδεὶς πειραζόμενος λεγέτω ὅτι ἀπὸ θεοῦ πειράζομαι = nadie diga cuando es tentado, "Soy tentado *por* Dios".[155]

– Modo[156]

Así como el verbo en español, el verbo griego no solo tiene tiempo sino también modo. Recordarás que algunos modos del verbo en español son idénticos a los del verbo griego —tales como el indicativo, subjuntivo e imperativo. Pero la manera en la que los modos en griego se relacionan con los tiempos no es como en español, como repasaremos en esta sección. Hay cuatro modos en griego:

1. El indicativo afirma o declara una acción que es una realidad. Hechos 6:8 usa el indicativo al describir lo que Esteban estaba haciendo: Στέφανος... ἐποίει τέρατα καὶ σημεῖα μεγάλα ἐν τῷ λαῷ = Esteban... hacía señales y grandes maravillas entre el pueblo.[157]

2. El subjuntivo describe una acción de posibilidad o probabilidad y es usado para pedir algo en primera persona. Lucas 6:42 ilustra la función del subjuntivo: ἄφες ἐκβάλω τὸ κάρφος τὸ ἐν τῷ ὀφθαλμῷ σου = Déjame sacar la paja que está en tu ojo.[158]

3. El imperativo es usado para dar un mandato. Recuerda que el imperativo solo está en presente o aoristo y para la segunda y tercera persona. Observa el uso del imperativo en Hebreos 13:17: πείθεσθε τοῖς ἡγουμένοις ὑμῶν = Obedezcan a los que los guían.[159]

4. El modo optativo es el modo del deseo o la petición —no es tan fuerte como el imperativo, pero más fuerte que el subjuntivo. Este modo expresa el deseo de Pablo para los tesalonicenses en 1Ts 3:11: Αὐτὸς δὲ ὁ θεὸς καὶ πατὴρ ἡμῶν καὶ ὁ κύριος ἡμῶν Ἰησοῦς κατευθύναι τὴν ὁδὸν ἡμῶν πρὸς ὑμᾶς = Ahora el mismo Dios y Padre nuestro, y nuestro Señor Jesús, dirija nuestro camino a ustedes.[160]

---

[155] *Ibid.*, 433.
[156] Grauman, "Gramática", 13–14. Véase también Mounce, *Basics,* 129–37, 288–318; y Wallace, *Syntax,* 448–93.
[157] Wallace, *Syntax,* 449.
[158] *Ibid.*, 464.
[159] *Ibid.*, 486.
[160] *Ibid.*, 482.

– Prohibiciones[161]

Conforme haces una exégesis del texto del NT, necesitas recordar que el griego puede expresar una prohibición o negación de diferentes maneras que significan cosas diferentes. Hay cinco tipos de prohibiciones/negaciones en el NT. Aunque cada una de ellas tiene un matiz diferente, el contexto determina su significado preciso:

1. El primer tipo de negación es la negación normal, la cual está formada por οὐ con el indicativo. Esta negación se encuentra en relación con los Diez Mandamientos en Mt 19:18: οὐ φονεύσεις, οὐ μοιχεύσεις, οὐ κλέψεις, οὐ ψευδομαρτυρήσεις = no matarás, no adulterarás, no hurtarás, no dirás falso testimonio.[162]

2. El segundo tipo es la negación más fuerte que hay. Está formada por οὐ μή con el aoristo subjuntivo. La promesa de Heb 13:5 usa esta negación: οὐ μή σε ἀνῶ οὐδ' οὐ μή σε ἐγκαταλίπω = No te fallaré *en absoluto* ni *nunca* te dejaré.[163]

3. El tercer tipo de negación prohibe una acción continua o una acción que ya está en proceso. La existencia del presente imperativo es la clave para identificar este tipo de prohibición, pero una vez más, el contexto es un factor determinante para reconocer este tipo de prohibición. Jesús usa esta negación en Juan 2:16: μὴ ποιεῖτε τὸν οἶκον τοῦ πατρός μου οἶκον ἐμπορίου. = Dejen de estar volviendo la casa de mi Padre una casa de mercado.[164]

4. El cuarto tipo de negación es usado para prohibir una acción. Simplemente es un mandato negativo y está formado por μή antes del imperativo. El mandato conocido del Señor Jesús en el Sermón del Monte usa esta negación en Mt 6:3: μὴ γνώτω ἡ ἀριστερά σου τί ποιεῖ ἡ δεξιά σου = *No* sepa tu izquierda lo que tu derecha está haciendo.[165]

5. El quinto tipo de negación parece tener la fuerza de prohibir una acción como un todo. Está formado por μή con el aoristo subjuntivo. Una vez más, un texto conocido usa esta negación. Lucas 6:29: ἀπὸ τοῦ αἴροντός σου τὸ ἱμάτιον καὶ τὸν χιτῶνα μὴ κωλύσῃς. = Del que te quite tu capa, no le retengas ni siquiera tu túnica.[166]

---

[161] Grauman, "Gramática", 13. Véase también Mounce, *Basics*, 296, 303; y Wallace, *Syntax*, 468–69, 723–25.

[162] Wallace, *Syntax*, 723.

[163] *Ibid.*, 468.

[164] *Ibid.*, 724.

[165] *Ibid.*, 487.

[166] *Ibid.*, 724.

– El artículo[167]

Otra característica que debes buscar, conforme estudias el texto del NT, es el artículo. Cuando una palabra tiene el artículo, está identificando la palabra por una razón específica. La diferencia más importante entre una palabra que no tiene el artículo y una que lo tiene, es que la que no lo tiene está enfatizando la cualidad de la palabra. Mantén en mente que el artículo debe ser traducido de la misma manera en todo pasaje. El contexto determina la manera en la que el artículo debe ser traducido. Un ejemplo de cómo la ausencia del artículo enfatiza la cualidad del nombre es Heb 1:2: ἐπ᾿ ἐσχάτου τῶν ἡμερῶν τούτων ἐλάλησεν ἡμῖν ἐν υἱῷ = En estos últimos días, [Dios] nos ha hablado por el Hijo.[168] En este versículo, la ausencia del artículo señala que Dios nos ha hablado en Uno que tiene las características de un hijo, no los profetas ni los ángeles (como el contexto indica).[169]

Hay un uso especial del artículo que tiene importancia exegética y es usado 80 veces en el Nuevo Testamento.[170] Este uso es expresado en la Regla de Granville Sharp, la cual afirma que ambos sustantivos (nombres, participios, adjetivos) se refieren a la misma persona en la construcción artículo-sustantivo-καί-sustantivo cuando:

- ambos son personales;
- ambos son singulares;
- ambos no son propios (esto es, términos comunes, no nombres propios).

Ejemplo: ὁ θεὸς καὶ πατήρ (Ef 1:3).[171]

– Casos[172]

Una característica del idioma griego que no existe en el español es la presencia de casos. Los diferentes casos identifican la función de una palabra en una oración, no el orden de las palabras. Esto es lo que cada uno de los casos pueden indicar, seguidos por las preguntas que puedes hacer para identificar su caso:

1. Nominativo: sujeto, predicado, aposición o absolutos (nombres). *¿Quién? ¿Qué?*

---

[167] Grauman, "Gramática", 13–14. Véase también Mounce, *Basics*, 36–37; y Wallace, *Syntax*, 206–90.
[168] Wallace, *Syntax*, 245.
[169] *Ibid.*, 245.
[170] *Ibid.*, 273.
[171] *Ibid.*, 735.
[172] Grauman, "Gramática", 11–16. Véase también Mounce, *Basics*, 27–53, 288–318; Wallace, *Syntax*, 31–205.

2. Vocativo: al dirigirse de manera directa en un diálogo hacia otra persona, indica el sujeto.
3. Genitivo: posesión, objeto directo, aposición, tiempo, absoluto, actor, destinatario, adjectival. *¿De quién?*
4. Dativo: objeto indirecto, objeto directo, aposición, tiempo, instrumental, locativo, referencia, posesión, ventaja/desventaja. Asociación, manera. *¿A quién? ¿A qué? ¿Por qué? ¿Dónde?*
5. Acusativo: doble, objeto directo, aposición, tiempo, sujeto del infinitivo. *¿A quién? ¿Qué?*

Para mantener breve este repaso, únicamente vamos a presentar un ejemplo de cada uno de los casos:

1. Nominativo (como sujeto): ὁ Χριστὸς κεφαλὴ τῆς ἐκκλησίας = Cristo [es] la cabeza de la iglesia (Ef 5:23).[173]
2. Vocativo: (al dirigirse de manera directa en un diálogo hacia otra persona): πάντως ἐρεῖτέ μοι τὴν παραβολὴν ταύτην· Ἰατρέ, θεράπευσον σεαυτόν· = Sin duda me citarán este proverbio: "Médico, cúrate a ti mismo" (Lc 4:23).[174]
3. Genitivo (de posesión): ἕκαστος ὑμῶν λέγει, ἐγὼ μέν εἰμι Παύλου, ἐγὼ δὲ Ἀπολλῶ = cada uno de ustedes dice, "Yo soy de Pablo"; "yo soy de Apolos" (1Co 1:12).[175]
4. Dativo (de objeto indirecto): εἴπῃ δέ τις αὐτοῖς ἐξ ὑμῶν, Ὑπάγετε ἐν εἰρήνῃ, θερμαίνεσθε καὶ χορτάζεσθε, μὴ δῶτε δὲ αὐτοῖς τὰ ἐπιτήδεια τοῦ σώματος, τί τὸ ὄφελος; = Pero uno de ustedes les dice, "Ve en paz, caliéntate y llénate", pero no les dan las cosas que son necesarias para el cuerpo, ¿cuál es el beneficio? (Stg 2:16).[176]
5. Acusativo (de objeto directo): τοῖς ἀγαπῶσιν τὸν θεὸν πάντα συνεργεῖ [ὁ θεὸς] εἰς ἀγαθόν = Dios causa que todas las cosas operen juntas para el bien de aquellos que aman a Dios (Ro 8:28).[177]

– Preposiciones[178]

Otro aspecto importante del texto griego es el área de preposiciones. Las preposiciones tienen importancia sintáctica porque describen la relación entre dos palabras. Cuando identificas una preposición, asegúrate de que entiendes qué tipo de relación está describiendo entre las palabras, cláusulas

---

[173] Wallace, *Syntax*, 40.
[174] *Ibid.*, 68.
[175] *Ibid.*, 82.
[176] *Ibid.*, 142.
[177] *Ibid.*, 180.
[178] Grauman, "Gramática", 18–19. Véase también Mounce, *Basics*, 54–62; y Wallace, *Syntax*, 356–89.

o párrafos que está uniendo.Mantén presente que una preposición puede tener diferentes significados, dependiendo de su uso en el texto específico que aparece. Debido a que no hay un libro disponible en español que conozcamos, que provea un panorama rápido y detallado de las preposiciones, hemos incluido la siguiente lista que contiene los diferentes usos de las preposiciones:[179]

Ἀνά (acusativo):

1. Distributivo: *en medio de* (ἀνὰ μέσον + genitivo); *cada, cada uno* (con números).
2. Espacial (en composición con verbos): *arriba, movimiento hacia arriba.*

Ἀντί (genitivo):

1. Sustitución: *en vez de, en lugar de.*
2. Intercambio/equivalencia: *por, como, en el lugar de.*

Ἀπό (genitivo):

1. Separación (de lugar o persona): *lejos de.*
2. Fuente: *de, fuera de.*
3. Causa: *debido a.*
4. Partitivo: *de.*

Διά (genitivo, acusativo):

1. Con genitivo:
   a. Agencia: *por, a través de.*
   b. Medio: *a través de.*
   c. Espacial: *a través de.*
   d. Temporal: *a lo largo de, durante.*
2. Con acusativo:
   a. Causa: *debido a, por causa de.*
   b. Espacial (raro): *a través de.*

Εἰς (acusativo):

1. Espacial: *dentro de, hacia, en.*
2. Temporal: *por, a lo largo de.*
3. Propósito: *para, para que.*
4. Resultado: *para que, dando como resultado.*

---

[179] Wallace, *Syntax*, 741–45.

5. Referencia/respecto a: *con respecto a, con referencia a.*
6. Ventaja: *para.*
7. Desventaja: *contra.*
8. En lugar de ἐν.

Ἐκ (genitivo):

1. Fuente: *de, desde.*
2. Separación: *lejos de, desde.*
3. Temporal: *de, desde [este punto]... en adelante.*
4. Causa: *debido a.*
5. Partitivo: *de.*
6. Medio: *por, desde.*

'Εν (dativo):

1. Espacial/esfera: *en.*
2. Temporal: *en, dentro, cuando, mientras, durante.*
3. Asociación (frecuentemente relación personal cercana): *con.*
4. Causa: *debido a.*
5. Instrumental: *por, con.*
6. Referencia/respecto a: *con respecto a/en referencia a.*
7. Manera: *con.*
8. Algo poseído: *con* (en el sentido de *el cual posee*).
9. Estándar (norma): *de acuerdo con el estándar de.*
10. Como equivalente de εἰς (con verbos de movimiento).

'Επί (genitivo, dativo, acusativo):

1. Con genitivo:
   a. Espacial: *en, sobre, cerca.*
   b. Temporal: *en el tiempo de, durante.*
   c. Causa: *en base a.*
2. Con dativo:
   a. Espacial: *en, sobre, contra, cerca.*
   b. Temporal: *en, en el momento de, durante.*
   c. Causa: *en base a.*
3. Con acusativo:
   a. Espacial: *en, sobre, a, hasta, contra.*
   b. Temporal: *por, por un período de.*

Κατά (genitivo, acusativo):

1. Con genitivo:
   a. Espacial: *desde, a lo largo de.*

        b. Oposición: *contra.*

        c. Fuente: *desde.*

  2. Con acusativo:

        a. Estándar: *de acuerdo con, correspondiente a.*

        b. Espacial: *a lo largo de* (extensión); *hacia, hasta* (dirección).

        c. Temporal: *en, durante.*

        d. Propósito: *con el propósito de.*

        e. Referencia/respecto: *con respecto a, en referencia a.*

Μετά (genitivo, acusativo):

  1. Con genitivo:

        a. Asociación/acompañamiento: *con, en compañía de.*

        b. Espacial: *con, entre.*

        c. Manera (circunstancia acompañante): *con.*

  2. Con acusativo:

        a. Temporal: *después, detrás.*

        b. Espacial (raro): *después, detrás.*

Παρά (genitivo, dativo, acusativo):

  1. Con genitivo: en general, *de (el lado de)* (con un objeto personal).

        a. Fuente/espacial: *de.*

        b. Agencia: *de, por.*

  2. Con dativo: en general, *proximidad* o cercanía.

        a. Espacial: *cerca, junto a.*

        b. Esfera: *a la vista de, ante* (alguien).

        c. Asociación: *con* (alguien/algo).

        d. Virtualmente equivalente al dativo simple.

  3. Con acusativo:

        a. Espacial: *por, junto a, cerca, en.*

        b. Comparación: *comparado con, más que.*

        c. Oposición: *contra, contrario a.*

Περί (genitivo, acusativo):

  1. Con genitivo:

        a. Referencia: *con respecto a.*

        b. Ventaja/representación: *en nombre de, para* (= ὑπέρ).

  2. Con acusativo:

        a. Espacial: *alrededor, cerca.*

        b. Temporal: *acerca, cerca.*

        c. Referencia/respecto: *con respecto a/en referencia a.*

Πρό (genitivo):

1. Espacial: *antes, enfrente de, en.*
2. Temporal: *antes.*
3. Rango/prioridad: *antes.*

Πρός (acusativo casi exclusivamente):

1. Propósito: *para, con el propósito de.*
2. Espacial: *hacia.*
3. Temporal: *hacia, para* (duración).
4. Resultado: *para que, con el resultado de que.*
5. Oposición: *contra.*
6. Asociación: *con, en compañía de* (con verbos estativos).

Σύν (dativo): Expresa compañía/asociación: *con, en asociación (compañía) con*Ὑπέρ (genitivo, acusativo):

1. Con genitivo:
   a. Representación/ventaja: *en nombre de, por causa de.*
   b. Referencia/respecto: *con respecto, en referencia a* (=περί).
   c. Sustitución: *en lugar de, en vez de* (=ἀντί) (dichas instancias también involucran representación).
2. Con acusativo:
   a. Espacial: *sobre, encima.*
   b. Comparación: *más que, más allá de.*

Ὑπό (genitivo, acusativo):

1. Con genitivo:
   a. Agencia (definitiva): *por.*
   b. Agencia intermedia (con verbos activos): *a través.*
   c. Medio: *por* (raro).
2. Con acusativo:
   a. Espacial: *bajo, debajo.*
   b. Subordinación: *bajo* (la regla de).

– Adjetivos[180]

Otro aspecto importante del griego es el uso del adjetivo. Hay tres usos del adjetivo y la manera normal de distinguirlos es por el orden de las palabras.

---

[180] Grauman, "Gramática", 19–21. Véase también Mounce, *Basics*, 63–72; y Wallace, *Syntax*, 291–314.

1. El adjetivo atributivo califica/modifica a un nombre o pronombre y está de acuerdo en caso, número y género. En este uso, el adjetivo tiene un artículo. Mateo 5:29 presenta este uso: εἰ ὁ ὀφθαλμός σου ὁ δεξιὸς σκανδαλίζει σε = si tu ojo derecho te hace tropezar.[181]

2. El adjetivo predicado describe su sujeto. En este caso, el nombre tiene el artículo, pero no el adjetivo. Hay veces en las que solo el contexto determina si el adjetivo es atributivo o predicado. Primera de Juan 3:10 usa el adjetivo de esta manera: ἐν τούτῳ φανερά ἐστιν τὰ τέκνα τοῦ θεοῦ = en esto los hijos de Dios son manifiestos.[182]

3. El adjetivo sustantivo funciona como nombre y su función en la oración determina su forma. En este caso, el adjetivo funciona como un nombre normal. Lucas 6:45 ilustra este uso del adjetivo: ὁ ἀγαθὸς ἄνθρωπος ἐκ τοῦ ἀγαθοῦ θησαυροῦ τῆς καρδίας προφέρει τὸ ἀγαθόν, καὶ ὁ πονηρὸς ἐκ τοῦ πονηροῦ προφέρει τὸ πονηρόν = el buen hombre a partir del buen tesoro de su corazón saca el bien, y el [hombre] malo a partir del malo [tesoro de su corazón] saca el mal.[183]

– Pronombres[184]

Cuando encuentres un pronombre, necesitas recordar que un pronombre es una palabra que reemplaza a un nombre. Normalmente, los pronombres son usados para evitar la repetición y/o enfatizar algo. Mantén en mente que son opcionales en el nominativo y normalmente indican énfasis en el sujeto. La siguiente lista presenta un resumen de los pronombres más importantes junto con sus usos:[185]

1. ἀλλήλων: recíproco.
2. αὐτός: personal, posesivo (gen.), intensivo.
3. ἑαυτοῦ: reflexivo.
4. ἐγώ: personal, posesivo (gen.).
5. ἐκεῖνος: demostrativo, personal.
6. ἐμαυτοῦ: reflexivo.
7. ἡμεῖς: personal, posesivo (gen.).
8. ὅδε: demostrativo.
9. ὅς: pronombre relativo (definido).
10. ὅστις: pronombre relativo (indefinido).
11. οὗτος: demostrativo, personal.
12. ποῖος: interrogativo (cualitativo).

---

[181] Wallace, *Syntax*, 306.
[182] *Ibid.*, 308.
[183] *Ibid.*, 295.
[184] Grauman, "Gramática", 23–34. Véase también Mounce, *Basics*, 89–120; y Wallace, *Syntax*, 315–54.
[185] Wallace, *Syntax*, 740.

13. πόσος: interrogativo (cuantitativo).
14. σεαυτοῦ: reflexivo.
15. σύ: personal, posesivo (gen.).
16. τίς: interrogativo.
17. τις: indefinido.
18. ὑμεῖς: personal, posesivo (gen.).

– Participios[186]

Conforme estudias el texto, necesitas tener cuidado con los usos del participio. Una característica muy importante del participio, es que no describe un tiempo absoluto, sino que más bien describe un tiempo en relación con el verbo principal. El participio en griego es un adjetivo verbal y no tiene persona. Hay dos usos generales del participio —adverbial y adjetival:

1. Cuando el participio está modificando un verbo, es un participio adverbial. Vemos un ejemplo de este uso en Ef 1:15-16: ἀκούσας τὴν καθ᾽ ὑμᾶς πίστιν (16) οὐ παύομαι εὐχαριστῶν = Después de que oí de la fe de ustedes (16) no he cesado de estar agradecido.[187]
2. Cuando modifica un nombre, es un participio adjetival. Juan 4:10 ilustra este uso: ὕδωρ ζῶν = agua viviente.[188]

– Infinitivo[189]

Cuando encuentres un infinitivo, es importante que recuerdes que el infinitivo es un nombre verbal que puede funcionar como nombre o verbo. No se refiere a tiempo, solo a aspecto. Hay dos usos primordiales del infinitivo:

1. Cuando el infinitivo funciona como nombre, su caso es determinado por su función en la oración y siempre será singular neutro. Filipenses 1:21 ilustra este uso: ἐμοὶ γὰρ τὸ ζῆν Χριστὸς καὶ τὸ ἀποθανεῖν κέρδος = Para mí, el vivir es Cristo y el morir es ganancia.[190]
2. Cuando funciona como verbo, no tiene un artículo y normalmente complementa la idea del verbo principal. Así es usado el infinitivo en Mt 5:17: μὴ νομίσητε ὅτι ἦλθον καταλῦσαι τὸν νόμον = No piensen que vine para destruir la ley.[191]

---

[186] Grauman, "Gramática", 67–80. Véase también Mounce, *Basics*, 239–87; y Wallace, *Syntax*, 612–54.
[187] Wallace, *Syntax*, 627.
[188] *Ibid.*, 618.
[189] Grauman, "Gramática", 89–94. Véase también Mounce, *Basics*, 299–309; y Wallace, *Syntax*, 587–611.
[190] *Ibid.*, 601.
[191] Wallace, *Syntax*, 591.

– *Oraciones condicionales*[192]

Hay tres clases de oraciones condicionales:

1. La oración condicional de primera clase asume la realidad para efectos de argumento. Es formada por εἰ con el indicativo en la prótasis, seguida de cualquier verbo en la apódosis. Mateo 12:27-28 es una buena ilustración de esta primera clase: εἰ ἐγὼ ἐν Βεελζεβοὺλ ἐκβάλλω τὰ δαιμόνια, οἱ υἱοὶ ὑμῶν ἐν τίνι ἐκβάλλουσιν; ... (28) εἰ δὲ ἐν πνεύματι θεοῦ ἐγὼ ἐκβάλλω τὰ δαιμόνια, ἄρα ἔφθασεν ἐφ᾽ ὑμᾶς ἡ βασιλεία τοῦ θεοῦ. = Si hecho fuera demonios por Beelzebú, ¿por quién los echan fuera sus hijos? ... (28) Pero si echo fuera demonios por el Espíritu de Dios, entonces el reino de Dios ha venido sobre ustedes.[193]

2. La oración condicional de segunda clase asume falsedad. Está formada por εἰ con un aoristo indicativo o imperfecto indicativo, seguida por ἄν con aoristo o imperfecto indicativo. Lucas 7:39 ilustra este uso: οὗτος εἰ ἦν προφήτης, ἐγίνωσκεν ἂν τίς καὶ ποταπὴ ἡ γυνὴ ἥτις ἅπτεται αὐτοῦ, ὅτι ἁμαρτωλός ἐστιν. = Si este hombre *fuera* un profeta, *él sabría* quién y qué tipo de mujer es esta que está tocándolo, que ella es una pecadora.[194]

3. La oración condicional de tercera clase asume probabilidad. Es formada por ἐάν con el subjuntivo, seguida por cualquier verbo. Primera de Corintios 13:2 presenta esta tercera clase: ἐὰν ἔχω προφητείαν καὶ εἰδῶ τὰ μυστήρια πάντα καὶ πᾶσαν τὴν γνῶσιν καὶ ἐὰν ἔχω πᾶσαν τὴν πίστιν ὥστε ὄρη μεθιστάναι, ἀγάπην δὲ μὴ ἔχω, οὐθέν εἰμι. = Si *yo tengo* un don profético y *entiendo* todos los misterios y todo el conocimiento, y si *tengo* toda la fe como para quitar montañas, pero no *tengo* amor, no soy nada.[195]

Mantén en mente que este panorama breve de gramática griega no es exhaustivo y, por lo tanto, quizás necesites regresar a los libros mencionados al principio de esta sección de gramática.

7. *Diagrama el texto (si tienes tiempo)*

Si tienes tiempo, pasa al séptimo paso. Si no tienes tiempo, pasa al octavo paso. El séptimo paso es hacer un diagrama del texto.[196] Como recordarás de tus estudios de seminario, sugerimos que, por motivos de tiempo, hagas un diagrama de bloque en lugar de hacer uno de línea y también para mantener el orden de las palabras en el texto en español. Claro que puedes hacer un diagrama de línea si así lo prefieres. Conforme diagramas el texto,

---

[192] Grauman, "Gramática", 91–92. Véase también Mounce, *Basics*, 293–94; y Wallace, *Syntax*, 687–701.
[193] Wallace, *Syntax*, 691.
[194] *Ibid.*, 695.
[195] *Ibid.*, 698.
[196] Fee, *New Testament Exegesis*, 13–14.

identifica los verbos, sujetos y objetos, junto con repeticiones de palabras y contrastes. Este es un ejemplo de diagrama de bloque de Mateo 16:1-4:[197]

> ¹Καὶ οἱ Φαρισαῖοι καὶ Σαδδουκαῖοι προσελθόντες
> ¹Vinieron los fariseos y los saduceos
> πειράζοντες
> para tentarle
> ἐπηρώτησαν αὐτὸν
> y le pidieron
> σημεῖον ἐκ τοῦ οὐρανοῦ ἐπιδεῖξαι αὐτοῖς.
> que les mostrase señal del cielo.
> ²ὁ δὲ ἀποκριθεὶς εἶπεν αὐτοῖς,
> ²Mas él respondiendo les dijo:
>   [Ὀψίας γενομένης
>   Cuando anochece,
> λέγετε, Εὐδία, πυρράζει γὰρ ὁ οὐρανός
> decías: Buen tiempo; porque el cielo tiene arreboles.
>   ³καὶ πρωΐ,
>   ³Y por la mañana:
>   Σήμερον χειμών, πυρράζει γὰρ στυγνάζων ὁ οὐρανός.
>   Hoy habrá tempestad; porque tiene arreboles el cielo nublado.
> τὸ μὲν πρόσωπον τοῦ οὐρανοῦ γινώσκετε διακρίνειν,
> [¡Hipócritas!] que sabéis distinguir el aspecto del cielo,
>   τὰ δὲ σημεῖα τῶν καιρῶν οὐ δύνασθε;]
>   ¡mas las señales de los tiempos no podéis!
> ⁴Γενεὰ πονηρὰ καὶ μοιχαλὶς
> ⁴La generación mala y adúltera
> σημεῖον ἐπιζητεῖ,
> demanda señal;
> καὶ σημεῖον οὐ δοθήσεται αὐτῇ
> pero señal no le será dada,
> εἰ μὴ τὸ σημεῖον Ἰωνᾶ.
> sino la señal del profeta Jonás.
> καὶ καταλιπὼν αὐτοὺς
> Y dejándolos,
>   ἀπῆλθεν.
>   se fue.

---

[197] Para ver el texto griego y la traducción de la que predicas, de manera simultánea, puedes colocar la traducción debajo del texto griego, como lo hemos hecho en este ejemplo. Observa que todos los indicativos han sido subrayados, como un ejemplo de uso del diagrama para hacer observaciones gramáticas.

8. *Desarrolla una proposición y bosquejo exegéticos*

En el octavo paso, necesitas desarrollar una proposición y bosquejo exegéticos. En otras palabras, expresa lo que el texto dice con palabras simples en forma de una proposición y su bosquejo.[198]

9. *Examina dónde encaja el pasaje teológicamente*

En el noveno paso, examina dónde encaja el pasaje teológicamente.[199] En otras palabras, identifica doctrinas clave en el texto, y rastréalas a lo largo de las Escrituras, para entender cómo tu pasaje encaja dentro de esa doctrina específica. En este paso también consulta diferentes referencias cruzadas que has encontrado mediante tu estudio, asegurándote de que sean interpretadas en su contexto. Concéntrate en referencias que te ayudarán a entender mejor el texto.[200]

Hemos concluido con nuestro repaso breve de los nueve pasos de la Exégesis griega. En la siguiente sección, regresaremos al segundo paso del proceso exegético, conforme vemos en detalle varios principios de interpretación para diferentes géneros del Nuevo Testamento.

Principios clave para interpretar géneros del Nuevo Testamento[201]

En esta sección, nos vamos a enfocar en varios principios clave de interpretación que debes mantener en mente conforme estudias los diferentes géneros que se encuentran en el Nuevo Testamento. Vamos a repasar varios principios dentro de los tres géneros del Nuevo Testamento, siguiendo el orden del canon: Evangelios y Hechos, Cartas y Apocalipsis.

Evangelios y Hechos

Al considerar los Evangelios y Hechos, necesitamos recordar que son primordialmente narrativa y, por ende, los mismos principios que usamos para interpretar la narrativa del Antiguo Testamento se aplican a la narrativa del Nuevo Testamento —la única diferencia es que el personaje principal no es Dios el Padre, sino Dios el Hijo.[202]

---

[198] Chisolm, *From Exegesis*, 190–91.

[199] Fee, *New Testament Exegesis*, 6.

[200] Véase el capítulo 3 bajo el paso nueve, "Examina en dónde encaja el pasaje teológicamente".

[201] Véase J. Scott Duvall y J. Daniel Hays, *Grasping God's Word: A Hands-On Approach to Reading, Interpreting and Applying the Bible* (Grand Rapids: Zondervan Publishing, 2005), 227–304.

[202] Véase el capítulo 4.

Conforme estudias los Evangelios y Hechos, mantén en mente que los autores humanos buscaron presentar un mensaje a sus lectores mediante la manera en la que conectaron los episodios —como Mateo lo hizo al organizar su material, primordialmente de manera temática.[203]

Al trabajar en los Evangelios y Hechos, necesitas ser muy cuidadoso en identificar figuras de dicción, tales como hipérboles, metáforas, paralelismos y parábolas.[204] Conforme predicas a lo largo de los Evangelios y Hechos, ten presente lo siguiente:[205]

- Sé cuidadoso en explicar el contexto literario e histórico del pasaje. Esto ayudará a tu congregación a identificarse con el pasaje.
- Toma tiempo para desarrollar a los personajes principales mientras que eres honesto acerca de lo que es seguro y lo que podría ser posible.
- No enfatices los detalles a expensas del punto principal de la narrativa.
- No pierdas el enfoque del corazón narrativo del pasaje. El corazón narrativo es el punto teológico de la historia, conforme es revelado a través de los personajes principales y la trama.

Cartas

Al entrar en la exégesis y predicación de las cartas del Nuevo Testamento, considera los siguientes principios:[206]

- Las cartas fueron escritas para tratar con situaciones específicas enfrentadas por iglesias e individuos reales. Por ello, son ejemplos de teología aplicada a situaciones prácticas de la vida real.
- La apertura frecuentemente tiene pistas para interpretar la carta entera (por ejemplo, Pablo enfatizó su apostolado a la luz de la situación seria de concesión en Gálatas).
- Explica el contexto histórico y flujo de pensamiento del autor.
- Analiza secciones pequeñas de texto en las que el argumento del autor se basa, tales como frases o inclusive palabras. Pero ten cuidado con no perderte en detalles que, en algunos casos, quizás, no ayuden a la congregación, tales como la raíz de la palabra o sus usos en otros pasajes.
- Al predicar secciones pequeñas, ten presente el panorama general teológico.
- Recuerda que las implicaciones prácticas de un texto frecuentemente involucran cambios en la manera de pensar y no solo en las acciones.

---

[203] Terry G. Carter, J. Scott Duvall y J. Daniel Hays, *Preaching God's Word: A Hands-on Approach to Preparing, Developing, and Delivering the Sermon* (Grand Rapids: Zondervan Publishing, 2005), 188–89.

[204] *Ibid.*, 191.

[205] *Ibid.*, 192–96.

[206] *Ibid.*, 172–83.

Apocalipsis

Finalmente, conforme estudias y predicas a lo largo de Apocalipsis, debes recordar varios principios importantes:[207]

- Asegúrate de entender el contexto histórico del libro.
- Identifica imágenes simbólicas y consulta el contexto histórico y el Antiguo Testamento, para saber a qué apuntan las imágenes.
- Concéntrate en la idea principal sin perderte en los detalles.
- Predica por visiones o escenas, en lugar de hacerlo por versículos específicos.
- No uses una hermenéutica de periódico; esto es, tratar de relacionar acontecimientos actuales con el texto a expensas del contexto histórico.
- No impongas un sistema teológico predeterminado de escatología —deja que el texto determine el sistema y después confírmalo con el resto de las Escrituras.

En los capítulos tres y cuatro repasamos el proceso exegético aplicado al Antiguo Testamento. En este capítulo, hemos repasado el proceso exegético aplicado al Nuevo Testamento. Debido a que la exégesis es el cimiento de la predicación expositiva,[208] estos tres capítulos han sido el enfoque primoridal de este libro. En los últimos dos capítulos, nos concentraremos en repasar varias áreas de la preparación y presentación del sermón.

---

[207] *Ibid.*, 205–15.
[208] Chisolm, *From Exegesis,* 187.

Capítulo VI
Recuerda la preparación del sermón

Una vez que tu exégesis está terminada, hay varias áreas que son fáciles de descuidar u olvidar en el proceso de preparación de tu sermón. En este capítulo vamos a repasar las características más importantes de homilética y proveer algunas sugerencias prácticas para fortalecer su ministerio de predicación. Concluiremos con un repaso de principios para identificar implicaciones prácticas.

Áreas clave de preparación de sermones

En esta sección, repasaremos brevemente tres áreas clave de la preparación de sermones: el punto focal del texto; el desarrollo del bosquejo y la selección del material que predicarás.

1. *Encuentra el punto focal del texto*

Conforme preparas el sermón necesitas encontrar el punto focal del texto, el cual "es en donde el tema del pasaje o punto de vista se presenta en su expresión más clara. Este puede ser una sola afirmación, un solo versículo o, algunas veces, una cláusula completa en algún punto dentro[209] del párrafo que está siendo estudiado". Una vez que tienes el punto focal del texto, ahora puedes desarrollar tu bosquejo.

2. *Desarrolla un bosquejo claro*

El punto focal del texto se vuelve el centro unificador del bosquejo.[210] Ahora necesitas desarrollar los puntos derivados del texto, que describen algo acerca del punto focal.[211] Conforme trabajas en tu bosquejo considera como

---

[209] Kaiser, *Preaching from the Old Testament*, 55.
[210] *Ibid.*
[211] *Ibid.*

puedes explicar, ilustrar, introducir y concluir tu sermón de la mejor manera posible. De esta manera, tu sermón estará "construido en torno a un tema central que es comunicado mediante divisiones bien organizadas derivadas del texto. El sermón... [tendrá una] buena explicación, ilustraciones, argumentación y aplicación".[212] Para hacer esto, necesitas trabajar duro en seleccionar lo mejor de tu estudio.

3. *Lleva al púlpito lo mejor de tu estudio*

No puedes ir al púlpito y dar un reporte de todos los comentarios y libros que has leído, que tienen que ver con el pasaje que estás estudiando.[213] Vines y Shaddix nos ayudan a entender la importancia de seleccionar tu mejor material para el púlpito:

> Uno de los más grandes desafíos que el expositor enfrentará es determinar qué material exegético debe ser parte de su sermón. Cometerás un grave error si tratas de examinar cada parte minúscula de cada versículo en un pasaje. Este enfoque evidentemente fue adoptado por muchos predicadores puritanos, quienes frecuentemente predicaron muchos años a lo largo de un solo libro. Mientras que sus mensajes contenían muchas verdades bíblicas ricas, la sobrecarga de detalles probablemente fue la razón por la que tuvieran congregaciones muy pequeñas.

> Debes *estudiar* cada detalle minúsculo del pasaje que estás predicando —gramática, tiempos verbales, preposiciones, artículos definidos, y puntos como estos. Pero debes ser deliberado y selectivo con la cantidad de material técnico que llevas al púlpito. Dale a la congregación la crema de tu estudio —solo aquello que es necesario para entender el latido del corazón del Espíritu Santo en el texto.[214]

Con tu exégesis lista y estas tres áreas de preparación del sermón cubiertas, ahora necesitamos repasar un asunto vital de preparación del sermón. En el resto de este capítulo nos concentraremos en principios para identificar implicaciones prácticas.

Principios para identificar implicaciones prácticas

Parte de la responsabilidad del expositor es identificar implicaciones prácticas en el pasaje para la audiencia contemporánea. En resumen: esto significa que necesitamos identificar las verdades teológicas en el pasaje. De

---

212 Vines y Shaddix, *Power,* 39.
213 *Ibid.*
214 Vines y Shaddix, *Power,* 39–40.

esta manera, podremos identificar los principios universales que pueden ser aplicados a la vida de cualquier creyente —sin importar el momento en el que vive. Si esos principios son universales, serán reafirmados a lo largo de las Escrituras —especialmente en las epístolas del Nuevo Testamento, las cuales tienen una aplicación más directa al creyente de la época de la Iglesia. Claro que esto asume que las epístolas están siendo interpretadas correctamente.

Estos principios en el área de implicaciones prácticas contribuirá a la confianza del predicador, al saber que está extrayendo implicaciones prácticas del texto de una manera precisa —lo cual a su vez le dará facultad de predicar con autoridad.

Willhite explica que "el camino del texto al sermón... [es] uno que comienza en lo exegético, viaja a través de lo teológico, y alcanza lo homilético".[215] La meta del proceso exegético consiste en responder a la pregunta, "¿Qué *significa* el texto?".

> ... [La] Exégesis se enfoca en la audiencia bíblica (los lectores originales) y el significado que el texto tuvo para ellos. Las conclusiones exegéticas (esto es, de lo que el texto significa) servirán como la autoridad del sermón...[216]

> El proceso teológico es uno... [en el que] el predicador... ahora busca... demostrar *lo que* este texto puede significar para cualquier audiencia... El resultado del proceso teológico es el producto teológico, expresado como una proposición teológica o principio eterno. La proposición teológica será... expresada para cualquier audiencia. El proceso teológico es crítico para ascender por la escalera de la abstracción y cruzar el *puente teológico* del mundo antiguo al mundo moderno.[217]

> ... lo homilético se vuelve la "verdad bíblica aplicada". La proposición homilética y, quizás aún, el bosquejo homilético, usarán palabras de aplicación, normalmente en el modo imperativo...[218]

Para ser más específico en identificar implicaciones prácticas, podemos describir el proceso en cinco pasos:[219]

1. Entiende la intención del autor original.
2. Identifica las diferencias entre las audiencias.
3. Identifica los principios teológicos.
4. Asegúrate de que los principios son universales.
5. Filtra los principios a través de las epístolas del NT.

---

[215] Keith Willhite, *Preaching with Relevance* (Grand Rapids: Kregel Publications, 2001), 62.
[216] *Ibid.*, Itálicas en el original.
[217] *Ibid.*, 63. Itálicas en el original.
[218] *Ibid.*, 65.
[219] Duvall y Hayes, *Grasping God's Word*, 336–43.

Las repasaremos en detalle en el resto de este capítulo.

1. *Entiende la intención del autor original*

Primero, entiende la intención del autor original. En otras palabras, ¿qué quiso el autor que la audiencia original entendiera? Esta es la meta del proceso exegético descrito en los capítulos tres, cuatro y cinco. Grudem subraya la importancia de este paso al recordarnos que a menos de que "primero anclemos nuestra interpretación en lo que el autor original quiso que los lectores originales entendieran, no habrá límite para la variedad de... interpretaciones incorrectas que no tienen nada que ver con el significado correcto del texto".[220]

2. *Identifica las diferencias entre las audiencias*

En segundo lugar, identifica las diferencias teológicas/contextuales entre la audiencia original y la audiencia contemporánea. Por ejemplo, si estás estudiando un pasaje en Levítico, recuerda que la audiencia original estaba bajo el Pacto mosaico y tú no. Recuerda que toda la historia puede ser dividida en varias "épocas" en la historia de la salvación.[221] Por lo tanto, debemos leer cada pasaje de la Biblia teniendo presente una línea de tiempo de la historia de la salvación y recordar constantemente en dónde encaja cada pasaje en dicha línea. Por ejemplo, debido a que la época de la iglesia comenzó en Pentecostés y termina en el Rapto, vemos una aplicación directa de los mandamientos morales de las epístolas del Nuevo Testamento.[222] ¿Por qué? Porque estamos más cercanos a los lectores de Pablo en el primer siglo, que al pueblo judío del ministerio de Jesús porque este último todavía estaba bajo el antiguo pacto.[223]

3. *Identifica los principios teológicos*

En tercer lugar, identifica los principios que son enseñados en el texto. Hay preguntas que te pueden ayudar a determinar el principio teológico. Por ejemplo, ¿acaso el autor afirma directamente un principio? ¿Acaso el contexto más amplio presenta un principio teológico? ¿Por qué es que el autor bíblico dio este mandato?

---

[220] Grudem, *Preach the Word*, 67.

[221] *Ibid.*, 71.

[222] Este ejemplo refleja que esta obra está escrita primordialmente para hombres que apoyan una escatología pretribulacional premilenarista. Esto significa que ciertos pasajes no serán interpretados y aplicados de la misma manera por parte de exegetas que estudian el texto desde una posición escatológica diferente.

[223] Grudem, *Preach the Word*, 71–72.

4. *Asegúrate de que los principios son universales*

En cuarto lugar, conforme identificas los principios teológicos, necesitas asegurarte de que son universales. ¿Qué significa esto? No deben estar limitados por la historia o la cultura. En otras palabras, deben ser enseñados a lo largo de las Escrituras y, de esta manera, deben ser relevantes tanto para la audiencia del AT como para la audiencia del NT.[224]

5. *Filtra los principios a través del Nuevo Testamento*

En quinto lugar, ¿qué enseña el NT acerca de este principio?[225] ¿El NT modifica o apoya este principio? Asegúrate de que el principio teológico que encontraste en el pasaje que estás estudiando no solo se enseña a lo largo de las Escrituras, sino asegúrate de "filtrarlo" a través de las epístolas del NT.[226] Una vez que has tomado estos cinco pasos, ahora estás listo para presentar las implicaciones prácticas del principio universal a la audiencia contemporánea.

Con estas áreas de la preparación del sermón frescas en nuestras mentes, ahora estamos listos para pasar a la culminación de tu estudio y preparación: la presentación del sermón. Este será nuestro enfoque en los siguientes dos capítulos.

---

[224] Duvall y Hayes, *Grasping God's Word*, 341–42.
[225] *Ibid.*, 342–43.
[226] *Ibid.*

Capítulo VII
Recuerda la presentación

En este capítulo nos vamos a concentrar en la presentación del sermón. Debido a que hemos dedicado la mayor parte de nuestro repaso en este libro a la exégesis, podrías verte tentado a considerar la presentación de tu sermón como algo no importante. Esta es la razón por la que, en la primera sección de este capítulo, vamos a ver la importancia de la presentación. En la segunda y última sección, cerraremos con consejos generales para la presentación eficaz.

La importancia de la presentación

Cuando ves una muestra de sermones expositivos que se encuentran en las Escrituras, te das cuenta de que el énfasis se encuentra en el contenido más que en la presentación —o la manera en la que son presentados. Esto es evidente a partir del hecho de que el texto bíblico no dice mucho acerca de la manera en la que diferentes predicadores predicaron un sermón. Esto no nos debe sorprender porque Dios usa *Su* Palabra para salvar y santificar (2Ti 3:15-17); el poder no está en el predicador, sino en la Palabra que predica.

Al mismo tiempo, Dios usa predicadores que proclaman *Su* Palabra (1Co 3:5-7). Esto implica un aspecto de responsabilidad humana como Sus instrumentos. Para ser instrumentos eficaces, es vital vivir en sumisión a las Escrituras que predicamos fielmente (2Ti 2:21). En otras palabras, debemos vivir vidas santas y predicar doctrina sana. Ambas realidades deben estar presentes en tu vida como expositor.

Pero hay un área adicional de responsabilidad humana en la predicación. Esto tiene que ver con la manera en la que presentas la verdad que predicas —la manera en la que presentas el sermón.

Mientras que las Escrituras no dan mucha información acerca del estilo de presentación de los muchos predicadores que encontramos en sus páginas, hay algunas pistas que nos dan una idea de la manera en la que presentaron sus sermones. Por ejemplo, las Escrituras afirman que nuestro Señor predicó el Sermón del Monte con autoridad (Mt 7:28-29). Los Apóstoles predicaron con convicción (Hechos 2:37, 40), denuedo (Hechos 4:13), persuasión (Hechos 26:28) e inclusive Pablo fue identificado por los paganos en Listra como Mercurio, quien era el dios de los oradores (Hechos 14:12).

De una manera breve, las epístolas del NT también señalan cómo es que nuestros sermones deben ser presentados. Necesitamos predicar con amor (Ef 4:15; 2Ti 2:24-25), paciencia (2Ti 4:2) y autoridad (Tito 2:15).

Puedes tener el mejor sermón preparado —con una exégesis precisa, una introducción excelente, una gran proposición, un buen bosquejo con buenas ilustraciones, implicaciónes prácticas y una conclusión sin paralelos, pero si no lo predicas con amor, paciencia y autoridad, desde el punto de vista humano, su impacto probablemente será muy limitado.

Acerca de la importancia de la presentación, Montoya señala que:

…muchos de nosotros simplemente predicamos sermones no la Palabra de Dios. Predicamos la exégesis y no el oráculo divino. Predicamos (algunas veces leemos) manuscritos muy elaborados, con el uso de acrósticos en lugar de la palabra viva. Somos bíblicos, pero la Palabra está muriendo debido a una presentación sin vida o un estilo que estorba. Debemos hablar tanto con el corazón como con el intelecto. Nuestros sermones deben vibrar a través de nuestra alma y ser comprendidos por nuestros oyentes.[227]

En otras palabras, la presentación es muy importante. Debido a que la presentación es tan importante, en el resto del capítulo siete nos concentraremos en recordarte algunos consejos clave en el área de la presentación del sermón.

Consejo general para la presentación eficaz

El cimiento para la presentación eficaz es estudiar y someterte al texto. Una vez que has entendido el texto correctamente, sométe a él para que puedas ser controlado por el Espíritu (Ef 5:18; Col 3:16) y para que tu pasión sea genuina. Esa pasión genuina es vista en tu amor hacia la congregación, expresada en tu preocupación por su bienestar espiritual (Ro 9:1-3; 10:1, Mt 9:35.38; 23:37). Predica como si fuera la última vez que vas a predicar, como si fuera la última vez que alguien va a escuchar una predicación, porque es posible que así sea. Predica con el anhelo de que el sermón, transforme a la persona para el resto de la vida y la eternidad.

Solo entonces puedes apasionarte por lo que estás predicando. La pasión es clave para la presentación eficaz, pero necesitas expresar esa pasión a

---

[227] Alex Montoya, *Preaching with Passion* (Grand Rapids: Kregel Publications, 2000), 12–13.

través de tu personalidad. No confundas la pasión con actuación o manipulación o con un intento de copiar las expresiones externas de pasión de alguien más. Un ejemplo de cómo puedes expresar pasión a través de tu personalidad, es imaginar cómo describirías algo que te encanta —cómo jugó tu equipo favorito de fútbol y ganó la final; un platillo de comida que disfrutas mucho.

Hay varias sugerencias adicionales que pueden mejorar tu presentación —una vez más, ya has estudiado esto, pero es útil recordarlo. Independientemente de los puntos específicos que debas mejorar en tu presentación, recuerda que debes trabajar duro en hacer tu máximo esfuerzo.

Parte de la dificultad de predicar es ser claro. Una afirmación clara que expresa exactamente lo que quieres decir, puede ser el resultado de un proceso largo de pensar y practicar cómo decirlo de la mejor manera posible. Esta es la razón por la que debes revisar, refinar y evaluar las notas de tu sermón. La única manera de predicar con claridad es pensar con claridad. Para alcanzar esta meta, debes preguntarte, "¿Qué estoy tratando de decir?".

Otro factor que hace que la claridad sea tan difícil, es que debes dominar el pasaje que estás predicando. Esto demanda trabajo duro y la situación ideal es que investigues más de lo que predicas.

Pero para ser claro, necesitas deshacerte de palabras innecesarias o extrañas para tu audiencia. Haz el esfuerzo de expresar tus pensamientos de la manera más breve y simple que puedas, sin tratas de sonar elegante, sofisticado o académico —mientras que mantienes en mente lo que es apropiado para tu audiencia. En otras palabras, "necesitamos tener cuidado, no de que sea posible que entienda [el que escucha nuestra predicación], sino de que sea totalmente imposible que no entienda".[228] Robinson provee cuatro sugerencias útiles para ser claros en nuestra predicación:[229]

1. Desarrolla un bosquejo claro.
2. Usa transiciones claras.
3. Usa oraciones cortas, sencillas con palabras simples.
4. Sé directo.

Otra sugerencia importante en el área de la presentación es que debes predicar conforme a tu personalidad. En otras palabras, la manera en la que expresas tus pensamientos debe ser conforme a tu manera de ser; tu propio estilo, reflejando tu personalidad, la manera en la que piensas. Parte de predicar conforme a tu personalidad, es predicar de la misma manera en la

---

[228] John A. Broadus, *A Treatise on the Preparation and Delivery of Sermons* (New York: A. C. Armstrong and Son, 1894), 341.

[229] Haddon W. Robinson, *Biblical Preaching: The Development and Delivery of Expository Messages* 2nd ed. (Grand Rapids: Baker Academic, 2001), 186–92.

que hablas: con estilo de conversación. En otras palabras, sé natural cuando predicas en lugar de convertirte en un actor en el púlpito, alguien que no eres. ¿Qué hay acerca de imitar a grandes predicadores? No debes tratar de copiarlos, sino observarlos e imitar sus fortalezas conforme a tu personalidad. En las palabras de Broadus:

> Que el cedro joven crezca como cedro, y el roble joven como roble, pero endereza, poda, mejora a cada uno de ellos para que sean el mejor árbol posible de su tipo. Y así también cuando hables, siempre sé tú mismo, como eres de manera natural, pero tú desarrollado, corregido, mejorado para ser lo mejor que por naturaleza tienes la capaciad de llegar a ser.[230]

Conforme buscas predicar acorde a tu personalidad, no olvides a quién le estás hablando. En otras palabras, asegúrate de que estás usando palabras que tu audiencia entienda. Tal como Broadus lo señaló, "Sea o no el predicador lo que se llama un lingüista, él debe conocer por lo menos dos idiomas, el idioma de los libros y el idioma de la vida común".[231]

Una sugerencia final en un área que es vital para una presentación eficaz: pasión. Una de las razones primordiales por las que la pasión podría estar ausente entre algunos maestros y predicadores de la Biblia, es debido a:

> *Imitar conferencias recibidas en el seminario.* Invariablemente imitamos a nuestros profesores de seminario, quienes, en la mayoría de los casos, no están dotados para predicar... [la] audiencia en el salón de clases tiene la misma fe, llamado, capacidad académica y terminología... La iglesia es totalmente diferente.[232]

Una última sugerencia en el área de la presentación: evita aburrir a la gente.¿Cómo puedes hacer esto? De dos maneras. En primer lugar, presta atención a tu propio uso del idioma y estudia cómo usan el idioma otras personas.[233] En segundo lugar, equilibra los elementos en el sermón que hacen que a la audiencia le parezca interesante/rápido o aburrido. Galli y Larson señalan que:

> Los sermones... tienen elementos que hacen que parezcan avanzar con lentitud o rapidéz. Para los oyentes, una anécdota de cinco minutos corre, mientras que una definición de cinco minutos se arrastra. El material que hace que el sermón parezca lento se concentra en el intelecto. Es abstracto, generalizado, incluye hechos y es analítico. Las definiciones, principios, estudios de palabras hebreas y griegas, análisis, razonamiento deductivo, exégesis, explicaciones y

---

[230] Broadus, *Treatise,* 30.
[231] *Ibid.,* 343.
[232] Montoya, *Preaching,* 17–18. Itálicas en el original.
[233] Robinson, *Biblical Preaching,* 197.

descripciones, generalmente, hacen que a la audiencia le parezca lento. Los elementos que hacen que el sermón parezca rápido para la audiencia se dirigen al corazón. Apelan a las emociones, el interés personal, la voluntad, la imaginación. Son específicos, concretos, visuales, personales. En general, los elementos que hacen que el sermón sea percibido como algo rápido incluyen anécdotas, ilustraciones, exhortación, desafío, aplicación y humor.

No obstante, estas son guías generales. La teología presentada de manera apasionada hará que el sermón le parezca rápido a la audiencia. Y las anécdotas pueden ser presentadas de una manera que pueden parecer lenta.[234]

La presentación del sermón es importante. Esta es la razón por la que hemos dedicado esta sección a varias sugerencias para la presentación. Conforme concluimos este capítulo, que las palabras de Lloyd-Jones te recuerden la importancia de trabajar duro en tu presentación:

> Un predicador aburrido es una contradicción de términos; si es aburrido no es un predicador. Él puede ponerse de pie detrás de un púlpito y hablar, pero ciertamente no es un predicador. Con el gran tema y mensaje de la Biblia, el aburrimiento es imposible. Este es el tema más interesante, más emocionante, más cautivador en el universo; y la idea de que esto puede ser presentado de una manera aburrida me hace dudar seriamente si los hombres que son culpables de este aburrimiento, realmente han llegado a entender la doctrina que dicen creer, y que promueven. Con frecuencia nos delatamos por nuestra manera.[235]

¿Cómo unes todo tu trabajo exegético, tu preparación para el sermón y tu presentación? En el siguiente y último capítulo, vamos a ver dos ejemplos de cómo aplicar todo lo que hemos repasado a lo largo de este libro.

---

[234] Mark Galli y Craig Brian Larson, *Preaching That Connects: Using the Techniques of Journalists to Add Impact to your Sermons* (Grand Rapids: Zondervan Publishing, 1994), 118.
[235] D. Martyn Lloyd-Jones, *Preaching and Preachers* (Grand Rapids: Zondervan Publishing, 1972), 87.

Capítulo VIII
Recuerda la práctica

En este capítulo final vamos a concentrarnos en cómo aplicar lo que hemos repasado en los primeros siete capítulos de este libro. Presentaremos dos ejemplos de cómo implementamos el proceso exegético y de preparación del sermón, terminando con notas del sermón. La meta de presentar estos dos ejemplos es recordarte cómo poner en práctica lo que hemos repasado a lo largo de este libro. El capítulo está dividido en dos secciones. En la primera sección, vamos a ver el proceso de exégesis y preparación de sermones aplicado a un texto del Antiguo Testamento. En la segunda sección, vamos a aplicar el proceso a un texto del Nuevo Testamento. Ambas secciones están divididas en tres partes: las notas exegéticas; el diagrama del pasaje junto con la proposición y bosquejo exegéticos y; las notas del sermón las cuales incluyen: introducción, conclusión, ilustraciones y aplicaciones.

Un ejemplo del Antiguo Testamento

Nuestro ejemplo del Antiguo Testamento está basado en Génesis 22:1-18

Notas exegéticas de Génesis 22:1-18

El enfoque primordial de Génesis 22 es la prueba de Abraham. Esto es visto en dos elementos primordiales: primero, Génesis 22:1 funciona como un encabezado para los versículos 1-19[236] y segundo, los versículos 20-24 surgen de la bendición pronunciada por Dios debido a que Abraham pasó la prueba.[237] Con la prueba de Abraham como el enfoque primordial del capítulo, Génesis 22:1-18 puede ser dividido en dos partes: la preparación de la prueba (1-8); y la aprobación de la prueba (9-18).

Mientras que vemos la preparación de la prueba que Abraham enfrentó en los versículos 1-8, es importante hacer una observación que involucra el pasaje entero de los versículos 1-19 antes de entrar a los detalles de los primeros nueve versículos.

---

[236] Claus Westermann, *Genesis 12–36: A Commentary*, trans. por John J. Scullion (Minneapolis: Augsburg Publishing, 1985), 354.

[237] Kenneth A. Mathews, *Genesis 11:27–50:26*, NAC 1B (Nashville: Broadman & Holman, 2005), 306–7.

Con respecto a la composición de los versículos 1-19, los críticos de fuentes la ven como si hubiera sido escrita por dos autores diferentes: el Elohista es responsable de los versículos 1-14, 19 y el Yahwista (o un redactor que vino más tarde) es responsable por los versículos 15-18.[238] Mientras que este argumento está basado en el uso del nombre *Elohim*, los versículos 15-18 son vistos como si poseyeran un estilo literario diferente y considerados como algo secundario.[239] Pero hay tres líneas de argumento que rechazan la propuesta hecha por los críticos de fuentes.[240]

En primer lugar, el nombre *Yahweh* aparece en los versículos 1, 14 (dos veces) —un segmento que supuestamente fue escrito por el Elohista. Los críticos de fuentes intentan superar esta dificultad al atribuirle estas palabras a un redactor que apareció tiempo después. El problema con esta explicación es que el lugar en el versículo 14 en donde se usa el nombre de *Yahweh* es crucial para los versículos 1-14.

En segundo lugar, los versículos 15-18 explican el propósito de la prueba el cual es una reafirmación hecha a Abraham desde Génesis 12:1-3.[241] Por lo tanto, los versículos 2 y 15-18 apuntan al mismo autor que tiene el 12:1-3 en mente.

En tercer lugar, la evidencia de las repeticiones a lo largo de los versículos 1-19 muestra el diseño de un autor.

Al concentrarnos en los detalles de los versículos 1-8, el versículo uno comienza con la frase, "Aconteció después de estas cosas", apuntando en general a los acontecimientos en el capítulo 21.[242] Después del nacimiento de Isaac, la expulsión de Agar e Ismael y el tratado con Abimelec, aparentemente varios años han pasado para que Isaac, el niño (21:8), se vuelva un "muchacho" (v. 5) —lo suficientemente fuerte como para cargar leña (22:6).[243] Han pasado varios años desde que terminó la fricción entre Sara, Agar e Ismael. El hijo amado y esperado de la promesa ahora es un joven. Abraham disfruta de una relación de armonía con hombres como Abimelec. En otras palabras, este era un tiempo en la vida de Abraham en el que "estaba disfrutando de paz en casa, pero ahora Dios repentinamente tronó desde el cielo".[244] Fue en ese momento en el que "probó Dios a Abraham" (22:1).

---

[238] Gerhard Von Rad, *Genesis*, trans. por John H. Marks (Philadelphia: Westminster Press, 1961), 238, 242.

[239] Westermann, *Genesis 12–36*, 354, 363.

[240] Matthews, *Genesis 11:27–50:26*, 286–87. Véase también Victor P. Hamilton, *The Book of Genesis: Chapters 18–50*, NICOT (Grand Rapids: Eerdmans Publishing, 1995), 99.

[241] Gordon Wenham, *Genesis 16–50*, WBC 2 (Waco, TX: Word Books, 1994), 101–3.

[242] *Ibid.*, 103.

[243] Hamilton, *The Book of Genesis: Chapters 18–50*, 100.

[244] John Calvin, *Commentaries on the First Book of Moses*, trans. por John King (Grand Rapids: Eerdmans Publishing, n/d), 561. Véase también John H. Walton, *Genesis*, NIVAC (Grand Rapids: Zondervan Publishing, 2001), 512.

La palabra "Dios" en el versículo uno es presentada en el mismo sentido que en los versículos tres y nueve de manera literal, como "el Dios". Esta podría ser la manera en la que el escritor muestra que a pesar de una petición tan soprendente, no fue la mente de Abraham, sino que Dios fue el que estaba hablándole al patriarca.[245] El término "probó" también es usado en relación a Dios probando a *Su* pueblo en Éxodo 16:4; 20:20 y también del pecado que *Su* pueblo debe evitar al no "probar" a Dios (cp. Éx 17:2, 7; Nm 14:22; Dt 6:16; Sal 106:15-16).[246] La prueba tenía que ver con Isaac, como el versículo dos lo señala: "Toma ahora tu hijo, tu único". La partícula hebrea traducida "ahora" no solo podría ser traducida de esta manera, sino también "por favor" o "te ruego" —implicando que Dios está consciente de la severidad de la prueba que le está presentando a Abraham.[247]

Dios se refiere a Isaac de tres maneras: "tu hijo, tu único... a quien amas". Los tres objetos directos del imperativo, mediante los cuales Dios se refiere a Isaac en el versículo 2, incrementan la intensidad de la prueba, conforme la descripción progresa de lo distante a lo íntimo.[248]

El término "tu único" es usado de llorar a un hijo único (Jer 6:26; Amós 8:10), a una hija única (en la forma femenina de la palabra, Jue 11:34); de esta manera, mientras que Ismael también era el hijo de Abraham, únicamente Isaac es el heredero mediante quien el pacto sería cumplido (cp. Gn 17:16, 21).[249]

El Señor continúa refiriéndose a Isaac, pero ahora usa una frase que apunta a cuánto Abraham valora y estima a Isaac,[250] lo cual hace que la prueba sea inmensamente severa: "a quien amas". Esto no significa que Abraham no amaba a Ismael, sino que más bien enfatiza la posesión preciada que Isaac era a los ojos de su padre.[251]

Dios manda a Abraham a tomar a Isaac e ir "a tierra de Moriah, y ofrécelo allí en holocausto sobre uno de los montes que yo te diré" (v. 2). El término "Moriah" en referencia a un monte aparece en 2 Crónicas 3:1 como

---

[245] Hamilton, *The Book of Genesis: Chapters 18–50*, 100.

[246] Matthews, *Genesis 11:27–50:26*, 289.

[247] El término "es usado únicamente cinco veces en el AT entero cuando Dios le habla a una persona... Cada vez que Dios le pide al individuo que haga algo asombroso, algo que desafía la explicación racional o el entendimiento" (Hamilton, *The Book of Genesis: Chapters 18–50*, 101).

[248] Es importante señalar que el "apilar tres objetos directos después del imperativo "Toma", cada uno de los cuales es precedido por el indicador acusativo 'et-, reduce la velocidad de lectura del versículo y acentúa la solemnidad del imperativo divino" (Hamilton, *The Book of Genesis: Chapters 18–50*, 102).

[249] Matthews, *Genesis 11:27–50:26*, 290.

[250] A. H. Konkel, en *NIDOTTE*, 5 vols., ed. por Willem A. VanGemeren (Grand Rapids: Zondervan Publishing, 1997), 4:723–25.

[251] Esta es la primera vez que el AT usa el término "amas", mostrando el afecto profundo que Abraham tenía por Isaac —como se señaló arriba.

el lugar donde el templo de Salomón sería construido más adelante. Esta asociación ha causado que la tradicion judía vea el monte del templo como el lugar donde Abraham ofreció a Isaac; pero debemos señalar que Génesis 22 "únicamente se refiere a una cordillera montañosa llamada Moriah... la cual permite que tanto Génesis como el cronista describan los lugares de manera precisa".[252] Así es como resolvemos los problemas de identificar a Moriah en Génesis 22 con el lugar del templo y el viaje de tres días (el cual parece estar demasiado lejos desde Beerseba), junto con la ausencia de la mención por parte del cronista de Génesis 22.[253]

Abraham debía ir a la tierra de Moriah y ofrecer a Isaac "en holocausto" (v. 2). Este era un animal sacrificado que era consumido de manera total (como en Gn 8:21; Lv 1:9).[254] De esta manera, el Señor le pidió a Abraham que matara y quemara completamente a Isaac como un acto de obediencia a Él.[255] Emocionalmente, ciertamente esto era difícil para Abraham, pero lo que hacía que la prueba fuera aún más difícil, fue que su amado hijo era el heredero mediante quien Dios cumpliría sus promesas (Gn 17:19).[256]

El versículo dos presenta un dilema moral aparente.[257] A partir de otros textos en el AT es claro que Dios condena el sacrificio de niños en la ley (Dt 12:31; 18:10), a través de los profetas (tales como Jer 7:31-32; Ez 16:20-21), especialmente, en relación con la adoración de Moloc (Lv 18:21; 21:6).[258] Pero la integridad de Dios no está en juego porque Él tiene la prerogativa de probar de acuerdo con Sus propósitos perfectos, de los cuales Él nos da un vistazo en este capítulo, conforme despliega *Su* provisión de gracia en el carnero y las promesas de bendición por la

---

[252] Matthews, *Genesis 11:27–50:26*, 289; véase también Hamilton, *The Book of Genesis: Chapters 18–50*, 102.

[253] Como lo señala Isaac Kalimi, "The Land of Moriah, Mount Moriah, and the Site of Solomon's Temple in Biblical Historiography", *Harvard Theological Review* 83, n. 4 (1990): 345–62. Véase también Matthews, *Genesis 11:27–50:26*, 289.

[254] Hamilton, *The Book of Genesis: Chapters 18–50*, 103. El holocausto "no solo era la ofrenda más antigua sino la única ofrenda mencionada en la época de los patriarcas" (véase Job 1:5) (*Ibid.*, 109).

[255] Muchas personas que no creen en el texto inspirado incorrectamente han visto esto como un acto de "abuso" por parte de Abraham contra Isaac. Véase por ejemplo a Terrence E. Fretheim, "God, Abraham, and the Abuse of Isaac" *Word & World* 15, n. 1 (Winter 1995): 49–57; Andrew S. Yang, "Abraham and Isaac, child abuse and Martin Luther" *LQ* 19, n. 2 (Summer 2005): 153–66. Como se explicó bajo el versículo 1 (arriba), esta conclusión refleja un entendimiento equivocado de las Escrituras como un todo.

[256] Calvin, *First Book of Moses*, 560.

[257] Esta es un área de mucha discusión y estudio como es evidenciado por el artículo escrito por Omri Boehm, "The binding of Isaac: an inner biblical polemic on the question of 'disobeying' a manifestly illegal order", *Vetus Testamentum* 52, n. 1 (2002): 1–12.

[258] Hamilton, *The Book of Genesis: Chapters 18–50*, 105.

obediencia de Abraham.[259] El Señor también usa esta prueba para mostrar la fe modelo de Abraham como un ejemplo de fe salvadora verdadera para que generaciones futuras la imiten (cp. Heb 11:17-19; Stg 2:21-23).

En el versículo tres vemos la respuesta de Abraham al mandato de Dios: "Y Abraham se levantó muy de mañana". Cuando esta frase es usada en pasajes que tienen que ver con Abraham, apunta a su obediencia dispuesta (véase Gn 19:27; 20:8; 21:14; 28:18; 32:1; Éx 24:4).[260]Abraham muestra su obediencia al preparar lo que era necesario para sacrificar a Isaac, como es visto en el resto del versículo tres.

En este punto, hay un sentido en el que uno no puede evitar varias preguntas relacionadas con Sara: ¿Acaso Abraham le dijo lo que estaba pasando? ¿Sabía ella? ¿Dónde estaba ella? El texto no responde a estas preguntas conforme se concentra en la prueba de Abraham (v. 1), no en los asuntos de Sara o Isaac. La fe de Abraham es la cuestión, como es confirmado por el NT (véase Heb 11:17-19; Stg 2:21-23).[261]

Algo de tiempo pasa entre el momento en el que Abraham, Isaac y los siervos se van, y el tiempo en el que llegan al lugar del sacrificio. El versículo cuatro apunta a esto al usar la frase al "tercer día". Esta frase podría referirse a porciones de días de viaje (Jonás 3:3) o a viaje de una manera estereotípica (Gn 31:22; Jos 9:17; 1Sa 30:1) o también a un acontecimiento crítico (40:12-13) o inclusive al día de la aniquilación (Lv 7:17-18).[262] La manera más natural de tomar la frase parece ser como porciones de días.

En el versículo cinco, Abraham cierra sus instrucciones a sus siervos al decirles, "yo y el muchacho iremos hasta allí y adoraremos, y volveremos a vosotros" (v. 5). La frase "adoraremos" apunta a lo que es el acto de obediencia por parte de Abraham: un acto de adoración. Hebreos 11:17-19 nos da un vistazo de lo que estaba en la mente de Abraham cuando instruyó a sus siervos: "Por la fe Abraham, cuando fue probado, ofreció a Isaac; y el que había recibido las promesas ofrecía su unigénito, habiéndosele dicho: En Isaac te será llamada descendencia; pensando que Dios es poderoso para levantar aun de entre los muertos, de donde, en sentido figurado, también le volvió a recibir". "En otras palabras, Abraham fue más allá de las palabras de Job, cuando dijo, 'Jehová dio, y Jehová quitó' (Job 1:21) con su propia

---

[259] *Ibid.*, 106.

[260] Matthews, *Genesis 11:27–50:26*, 291.

[261] La tradición judía es un ejemplo de intentar responder a estas preguntas al hacer a un lado principios exegéticos santos mediante la especulación —pasando de lo humoroso a lo absurdo, como es visto en los artículos escritos por Sebastian Brock, "Genesis 22: where was Sarah?", *Expository Times* 96, n. 1 (1984): 14–17; David J. Zucker, "The mysterious disappearance of Sarah", *Judaism* 55, n. 3–4 (Fall-Winter 2006): 30–39.

[262] Matthews, *Genesis 11:27–50:26*, 292.

'Jehová da, Jehová quita, y Jehová devuelve'".[263] De esta manera, el versículo 5 es un reflejo potente de su fe verdadera, no una mezcla de mentira blanca, confusión y esperanza.[264]

En el versículo seis, Abraham toma todas las herramientas necesarias para obedecer el mandamiento de Dios para sacrificar a Isaac. Este versículo muestra que Isaac tenia la suficiente edad como para cargar la leña. El "fuego" se refiere a la fuente de fuego y "el cuchillo" se refiere a un instrumento grande que se usaba para desmembrar cuerpos, incluyendo cuerpos humanos (Jue 19:29; Pr 30:14).[265] Con estos instrumentos en la mano de Abraham, el versículo seis concluye "y fueron ambos juntos", indicando que junto con los tres días hubo suficiente tiempo como para que Abraham pensara en el prospecto de matar a su hijo, pero no dudó en continuar en su dirección de obediencia.[266]

En el versículo siete Isaac habla por primera vez, haciéndole una pregunta a su padre.[267] Abraham responde en el versículo ocho. Mientras que el término "Dios" al principio de la frase en el versíciulo ocho apunta a Dios como la fuente del sacrificio, la frase "se proveerá" es la palabra clave en Génesis 22:1-19 (vv. 13, 14 (usado dos veces)), mostrando la provisión por parte de Dios del animal para Abraham.[268] Desde el punto de vista de la gramática, la frase "hijo mio" puede ser tomada como Abraham dirigiéndose a Isaac (la interpretación de costumbre), o como una frase de aposición mediante la cual Abraham sutilmente le dice a Isaac que él es la ofrenda.[269] A la luz de la fe obediente que Abraham muestra a lo largo del capítulo (véase la explicación del v. 5 arriba), parece más natural tomar la frase de la manera acostumbrada.

En los versículos 9-18 vemos la aprobación de la prueba. El versículo nueve nos acerca a la cima del acto de obediencia por parte de Abraham, al describir como Abraham "ató a Isaac su hijo, y lo puso en el altar". La palabra "ató" es la fuente del nombre de Génesis 22 en la tradición judía —la *Akedah*.[270]

---

[263] Hamilton, *The Book of Genesis: Chapters 18–50*, 108.

[264] Wenham, *Genesis 16–50*, 108.

[265] Matthews, *Genesis 11:27–50:26*, 293.

[266] *Ibid.*, 293.

[267] El uso doble de en la frase "Entonces habló Isaac a Abraham su padre, y dijo", reduce la velocidad de la narrativa para mostrar la seriedad de la situación (como en 2Sa 24:17; Est 7:5; Neh 3:4; Ez 10:2) (Hamilton, *The Book of Genesis: Chapters 18–50*, 109).

[268] Matthews, *Genesis 11:27–50:26*, 293. Mientras que muchos a lo largo de la historia han tratado de ver a Romanos 8:32 como una referencia a este acontecimiento, "no es evidente en sí mismo que el apóstol tenía... [Gn 22:1-18] en mente" (*Ibid.*, 302–3). En contraste a Ro 8:32; He 11:17-19 y Stg 2:21-23 se refieren claramente a Gn 22:1-19.

[269] *Ibid.*, 294; Hamilton, *The Book of Genesis: Chapters 18–50*, 110.

[270] Véase C. T. R. Howard, "The Sacrifice of Isaac and Jewish Polemic Against Christianity", *CBQ*52, n. 2 (Abril 1990): 292–305.

El hecho de que a su edad avanzanda Abraham ató al joven sin resistencia alguna por parte del último, es un comentario implícito de la sumisión de Isaac a su padre y podría apuntar a su fe en Dios; pero como se mencionó antes, la fe de Isaac no es el enfoque del capítulo, sino la de Abraham.[271]

El versículo diez es importante porque el infinitivo "degollar" "después de una larga serie de formas narrativas... en los versículos anteriores y en este versículo le da suspenso a la narrativa".[272] De esta manera, hay un sentido en el que los versículos nueve y diez presentan los pasos que Abraham toma lentamente, para que podamos compartir con el padre la angustia de la situación, concluyendo con el propósito por el cual Abraham toma el chuchillo al final del versículo diez: "para degollar a su hijo".[273]

El versículo once presenta un momento decisivo en la narrativa. El hecho de que el Ángel repite dos veces el nombre de Abraham, muestra la urgencia[274] del mandamiento que le da a Abraham en la primera parte del versículo 12: "Y dijo: No extiendas tu mano sobre el muchacho, ni le hagas nada". En este versículo hay dos indicadores que apuntan a la intensidad emocional del mandato a no matar a Isaac: en primer lugar, la urgencia expresada por el jusivo en "No extiendas tu mano" y en segundo lugar, la inclusión de la frase "ni le hagas nada".

En la segunda parte del versículo 12, el Ángel añade, "porque ya conozco", esto es, tú Abraham solo, singular, independientemente de la obediencia sorprendente de Isaac, "que temes a Dios".[275] "Temes a Dios", de acuerdo con este texto, es obedecer a Dios sin retener ni siquiera lo más preciado, confiando en Él para el futuro que ha prometido.[276] La última frase del versículo es una cláusula de causa que presenta la evidencia de la devoción de Abraham:[277] "por cuanto no me rehusaste tu hijo, tu único".

En el versículo 13 Dios providencialmente trae un carnero sacrificial en el momento correcto para que Abraham lo pueda presentar como un sustituto de Isaac.[278] En el versículo 14, Abraham nombró el lugar en donde Dios proveyó el carnero, apuntando a que ocurrió una teofanía (como en el 12:7; 17:1; 18:1).[279] Tal como Hamilton correctamente lo señala, algo que es mucho más significativo que la teofanía es que:

---

[271] Wenham, *Genesis 16–50*, 109.
[272] Hamilton, *The Book of Genesis: Chapters 18–50*, 111.
[273] Matthews, *Genesis 11:27–50:26*, 296.
[274] Sarna, *Genesis*, 153.
[275] Matthews, *Genesis 11:27–50:26*, 296.
[276] Hamilton, *The Book of Genesis: Chapters 18–50*, 112.
[277] Matthews, *Genesis 11:27–50:26*, 296.
[278] *Ibid.*, 297.
[279] Wenham, *Genesis 16–50*, 111.

De manera apropiada Abraham nombra este lugar *Yahweh-yireh*, "Yahweh ve (o provee)". Él no llama a este lugar "Abraham-shama" ("Abraham obedeció"). El nombre no llama la atención al papel de Abraham en la historia. De esta manera su parte en la historia no es conmemorada; sino que más bien está subordinada a la de Yahweh. El nombre solo enfatiza las acciones de beneficiencia por parte de Yahweh. El lector saldrá de esta historia más impresionado por la fidelidad de Dios que por la conformidad de Abraham. Este énfasis es confirmado por el hecho de que la siguiente frase, *Por tanto, se dice hoy*, saca el acontecimiento del tiempo de Abraham y lo proyecta al tiempo del narrador... De esta manera la frase le da a la narrativa entera cierto aspecto atemporal. Es un testimonio de las provisiones de gracia de Dios.[280]

La importancia del acontecimiento es enfatizada por el "segundo" llamado del Ángel a Abraham[281] en el versículo quince. Los versículos 16-18 expresan lo que el Ángel de Yahweh le dijo a Abraham, comenzando con la frase "Por mí mismo he jurado, dice Jehová". Esta es la única referencia en Génesis en donde encontramos esta forma única de juramento, en la cual Dios se obliga a Sí mismo con *Su* propia persona a cumplir la promesa en los versículos 17-18.[282]

La razón de dicho juramento es dada al final del versículo 16: por cuanto has hecho esto, y no me has rehusado tu hijo, tu único hijo". Esto, la obediencia de Abraham, lleva a la bendición de Dios dada en la promesa presentada en los versículos 17-18. En este punto debemos hacer y responder una pregunta importante:

¿No es interesante que no es sino hasta la última palabra hablada por parte de Dios a Abraham —la cual es lo que el 22:15-18 es— cuando se hace una relación explícita entre desempeño y promesa? Hasta este punto, toda promesa hecha a Abraham ha sido esencialmente incondicional. La pospuesta del anuncio de esta relación de causa y efecto subordina de manera clara el desempeño a la promesa, las obras a la fe y el mérito a la gracia.[283]

El versículo 17 presenta una introducción de la promesa con la siguiente frase en el "infinitivo absoluto... [y] es usada para reforzar el verbo, y así hacer que el contenido de esta promesa sobrepase a todas las demás:[284] "de cierto te bendeciré". Junto con el versículo 18, el resto del versículo 17

---

[280] Hamilton, *The Book of Genesis: Chapters 18–50*, 113–14.

[281] Wenham, *Genesis 16–50*, 111.

[282] C. F. Keil y F. Delitzsch, "Genesis", en *The Pentateuch*, 3 vols., trans. por James Martin, BCOT (repr., Grand Rapids: Eerdmans Publishing, 1971), vol. 1, 250.

[283] Hamilton, *The Book of Genesis: Chapters 18–50*, 116.

[284] Wenham, *Genesis 16–50*, 111.

presenta varias promesas hechas previamente por parte de Dios al patriarca, de una forma expandida:

(1) "de cierto te bendeciré" agrega "de cierto…" a la primera ocasión de la promesa en el 12:2; (2) "las estrellas del cielo" recuerda la visión nocturna de Abraham (15:5), pero aquí incluye "y [de cierto] multiplicaré tu descendencia como…"; (3) el tema de "arena" haciendo un eco de la separación de Abram-Lot (13:16s), aparece en conjunción con las estrellas únicamente aquí en Génesis y; (4) "poseerá las puertas [la cual era la posesión clave cuando alguien victorioso entraba a una ciudad capturada]… de sus enemigos (v. 17) es nuevo en la promesa. El versículo 18 termina el repaso de las promesas mediante variaciones del tema de bendición para todas las naciones (12:3; 18:18; cp. 26:4; 28:14). El añadir "En tu simiente…" en el v. 18, no se encuentra en las expresiones anteriores (12:3; 18:18), apropiadamente el contexto refleja la preservación de Isaac, la "simiente" de la promesa… bendición para "todas las naciones". En el Sal 72:17 y Jer 4:2 hacen referencia al 22:18; 26:4 cuando el salmista describe al rey idalizado que cumple la promesa… la palabra hebrea *zera'* ("descendiente") [tiene una] flexibilidad semántica [que] permite que la promesa se refiera tanto a un individuo (David) como a un grupo (Israel).[285]

Diagrama de Génesis 22:1-18 con proposición exegética y bosquejo

Proposición exegética: Dos elementos de la prueba de Dios para Abraham

– La preparación de la prueba (1-8)

^{1} וַיְהִ֗י אַחַר֙ הַדְּבָרִ֣ים הָאֵ֔לֶּה
וְהָ֣אֱלֹהִ֔ים נִסָּ֖ה אֶת־אַבְרָהָ֑ם
וַיֹּ֣אמֶר אֵלָ֔יו
אַבְרָהָ֖ם
וַיֹּ֥אמֶר
הִנֵּֽנִי׃
^{2} וַיֹּ֡אמֶר
קַח־נָ֠א אֶת־בִּנְךָ֨
אֶת־יְחִידְךָ֤
אֲשֶׁר־אָהַ֨בְתָּ֙
אֶת־יִצְחָ֔ק
וְלֶךְ־לְךָ֔ אֶל־אֶ֖רֶץ הַמֹּרִיָּ֑ה
וְהַעֲלֵ֤הוּ שָׁם֙ לְעֹלָ֔ה עַ֚ל אַחַ֣ד הֶֽהָרִ֔ים אֲשֶׁ֖ר אֹמַ֥ר אֵלֶֽיךָ׃
^{3} וַיַּשְׁכֵּ֨ם
אַבְרָהָ֜ם בַּבֹּ֗קֶר וַֽיַּחֲבֹשׁ֙ אֶת־חֲמֹר֔וֹ

---

[285] Matthews, *Genesis 11:27–50:26*, 298–99.

וַיִּקַּח אֶת־שְׁנֵי נְעָרָיו אִתּוֹ

וְאֵת יִצְחָק בְּנוֹ

וַיְבַקַּע עֲצֵי עֹלָה

וַיָּקָם

וַיֵּלֶךְ אֶל־הַמָּקוֹם

אֲשֶׁר־אָמַר־לוֹ הָאֱלֹהִים:

4 בַּיּוֹם הַשְּׁלִישִׁי וַיִּשָּׂא

אַבְרָהָם אֶת־עֵינָיו

וַיַּרְא אֶת־הַמָּקוֹם מֵרָחֹק:

5 וַיֹּאמֶר

אַבְרָהָם אֶל־נְעָרָיו

שְׁבוּ־לָכֶם פֹּה עִם־הַחֲמוֹר

וַאֲנִי וְהַנַּעַר נֵלְכָה עַד־כֹּה

וְנִשְׁתַּחֲוֶה

וְנָשׁוּבָה אֲלֵיכֶם:

6 וַיִּקַּח

אַבְרָהָם אֶת־עֲצֵי הָעֹלָה

וַיָּשֶׂם עַל־יִצְחָק בְּנוֹ

וַיִּקַּח בְּיָדוֹ אֶת־הָאֵשׁ

וְאֶת־הַמַּאֲכֶלֶת

וַיֵּלְכוּ שְׁנֵיהֶם יַחְדָּו:

7 וַיֹּאמֶר

יִצְחָק

אֶל־אַבְרָהָם אָבִיו

וַיֹּאמֶר

אָבִי

וַיֹּאמֶר

הִנֶּנִּי בְנִי

וַיֹּאמֶר הִנֵּה הָאֵשׁ וְהָעֵצִים

וְאַיֵּה הַשֶּׂה לְעֹלָה:

8 וַיֹּאמֶר אַבְרָהָם

אֱלֹהִים

יִרְאֶה־לּוֹ הַשֶּׂה לְעֹלָה בְּנִי

וַיֵּלְכוּ שְׁנֵיהֶם יַחְדָּו:

– *La aprobación de la prueba (9-18)*

9 וַיָּבֹאוּ אֶל־הַמָּקוֹם

אֲשֶׁר אָמַר־לוֹ הָאֱלֹהִים

וַיִּבֶן שָׁם

אַבְרָהָם אֶת־הַמִּזְבֵּחַ

וַיַּעֲרֹךְ

אֶת־הָעֵצִים
וַיַּעֲקֹד
אֶת־יִצְחָק בְּנוֹ
וַיָּשֶׂם אֹתוֹ עַל־הַמִּזְבֵּחַ מִמַּעַל לָעֵצִים:
10 וַיִּשְׁלַח
אַבְרָהָם אֶת־יָדוֹ
וַיִּקַּח אֶת־הַמַּאֲכֶלֶת
לִשְׁחֹט אֶת־בְּנוֹ:
11 וַיִּקְרָא
אֵלָיו מַלְאַךְ יְהוָה מִן־הַשָּׁמַיִם
וַיֹּאמֶר אַבְרָהָם|
אַבְרָהָם
וַיֹּאמֶר הִנֵּנִי:
12 וַיֹּאמֶר
אַל־תִּשְׁלַח יָדְךָ אֶל־הַנַּעַר
וְאַל־תַּעַשׂ לוֹ מְאוּמָה כִּי| עַתָּה יָדַעְתִּי
כִּי־יְרֵא אֱלֹהִים אַתָּה
וְלֹא חָשַׂכְתָּ אֶת־בִּנְךָ
אֶת־יְחִידְךָ מִמֶּנִּי:
13 וַיִּשָּׂא
אַבְרָהָם אֶת־עֵינָיו
וַיַּרְא
וְהִנֵּה־אַיִל אַחַר נֶאֱחַז בַּסְּבַךְ בְּקַרְנָיו
וַיֵּלֶךְ
אַבְרָהָם
וַיִּקַּח אֶת־הָאַיִל
וַיַּעֲלֵהוּ לְעֹלָה תַּחַת בְּנוֹ:
14 וַיִּקְרָא
אַבְרָהָם שֵׁם־הַמָּקוֹם הַהוּא
יְהוָה| יִרְאֶה
אֲשֶׁר יֵאָמֵר הַיּוֹם בְּהַר
יְהוָה יֵרָאֶה:
15 וַיִּקְרָא
מַלְאַךְ יְהוָה אֶל־אַבְרָהָם שֵׁנִית מִן־הַשָּׁמַיִם:
16 וַיֹּאמֶר
בִּי נִשְׁבַּעְתִּי נְאֻם־יְהוָה
כִּי יַעַן אֲשֶׁר עָשִׂיתָ אֶת־הַדָּבָר הַזֶּה
וְלֹא חָשַׂכְתָּ אֶת־בִּנְךָ אֶת־יְחִידֶךָ:
17 כִּי־בָרֵךְ אֲבָרֶכְךָ
וְהַרְבָּה אַרְבֶּה אֶת־זַרְעֲךָ כְּכוֹכְבֵי הַשָּׁמַיִם
וְכַחוֹל אֲשֶׁר עַל־שְׂפַת הַיָּם
וְיִרַשׁ זַרְעֲךָ אֵת שַׁעַר אֹיְבָיו:

וְהִתְבָּרֲכוּ בְזַרְעֲךָ כֹּל גּוֹיֵי הָאָרֶץ עֵקֶב ¹⁸

אֲשֶׁר שָׁמַעְתָּ בְּקֹלִי:

Notas del sermón de Génesis 22:1-18

El título de este sermón es "Enfrentando pruebas de fe".[286]

– Introducción

Génesis 22:1 dice, "Aconteció después de estas cosas, que probó Dios a Abraham, y le dijo: Abraham. Y él respondió: heme aquí". Como lo muestra el versículo inicial del capítulo, el enfoque primordial de Génesis 22 es la prueba de Abraham.

En términos de este capítulo, una prueba es una situación en la que obedecer a Dios te cuesta algo que amas (v. 2). La prueba aquí tiene que ver con ofrecer a Isaac como sacrificio. Él era el hijo amado de Abraham.

En tu vida puedes enfrentar pruebas de diferentes niveles de intensidad. Pueden estar relacionadas con tu matrimonio. Haces lo que amas u obedeces a Dios al hacer lo que tu cónyuge quiere. Tú obedeces a Dios al morir a ti mismo y servir a tu cónyuge o te amas a ti mismo al buscar lo que quieres. La prueba puede estar relacionada con tu trabajo: o retienes el trabajo que amas u obedeces a Dios al no someterte a una petición pecaminosa de tu jefe. Puede ser un problema de salud. O confiar y someterte a Dios sin quejarte o ceder a una tendencia natural a quejarte y amargarte. ¿Cómo honras a Dios... cómo muestras tu amor hacia Dios en las pruebas que enfrentas? Génesis 22:1-18 nos da la respuesta. Leamos juntos este pasaje tan rico.

– Proposición

Vamos a ver dos elementos de la prueba de Abraham, que te muestran cómo honrar a Dios en las pruebas que enfrentas.

– La preparación de la prueba (1-8)

En primer lugar, veamos la preparación de la prueba en los versículos uno al ocho de Génesis 22. Caminemos junto con Abraham e Isaac. El versículo uno comienza con la frase "Aconteció después de estas cosas". Esto apunta en general a los acontecimientos en el capítulo 21. Después del nacimiento de Isaac, la expulsión de Agar e Ismael y el tratado con Abimelec, aparentemente varios años han pasado para que Isaac el niño (21:8) se vuelva

---

[286] Las frases que aparecen en letras *inclinadas* en esta sección, indican que estas afirmaciones serían enfatizadas en la presentación del sermón. Véase el apéndice para el bosquejo del sermón.

un "muchacho" (22:5), quien tiene la suficiente fuerza como para cargar leña (22:6).

Han pasado varios años desde que la fricción entre Sara y Agar e Ismael terminó. El hijo amado y esperado de la promesa ahora es un joven. Abraham disfruta de una relación de armonía con hombres como Abimelec. En otras palabras, en la vida de Abraham era un tiempo de comodidad... fue en ese tiempo cuando "probó Dios a Abraham, y le dijo: Abraham. Y él respondió: Heme aquí" (22:1).

– Aplicación

Sucede también en tu vida ¿verdad? Todo está bien y de pronto, quizás, en el momento en el que menos lo esperas, Dios te prueba —Santiago 1:2.

Dios ahora procede a presentarle el mandato que muestra la naturaleza de la prueba en el versículo 2: "Y dijo: Toma ahora".

La palabra "ahora" podría ser traducida "por favor" o "te ruego", implicando que Dios está consciente de la severidad de la prueba que le está presentando a Abraham.

En el versículo 2, Dios se refiere a Isaac de tres maneras: "tu hijo, tu único, a quien amas". Estas tres frases aumentan la intensidad de la prueba, porque la descripción progresa de lo distante a lo íntimo. Solo Isaac es el heredero, el hijo mediante quien el pacto sería cumplido (Gn 17:16, 21). La frase "a quien amas" apunta a cuánto Abraham valoraba y estimaba a Isaac, lo cual hace que la prueba sea inmensamente severa.

Dios manda a Abraham a tomar a Isaac, versículo dos, "y vete a tierra de Moriah". La frase "monte Moriah" ocurre en 2 Crónicas como el lugar en donde el templo de Salomón estaba. Esta asociación ha causado que la tradición judía vea el monte del templo como el lugar en donde Abraham ofreció a Isaac —pero debemos señalar que Génesis 22 se refiere a la cordillera montañosa, a una cadena de montañas llamada Moriah.

Abraham debía ir a la tierra de Moriah, versículo dos, y Dios continúa diciéndole, "y ofrécelo allí en holocausto sobre uno de los montes que yo te diré". Un holocausto era un animal sacrificado que era consumido totalmente (como en Gn 8:21; Lv 1:9). De esta manera, el Señor le pidió a Abraham que matara y quemara completamente a Isaac como un acto de obediencia a Él.

Emocionalmente, ciertamente esto era difícil para Abraham. Pero lo que hizo que la prueba fuera aún más difícil fue que este hijo amado era el heredero mediante el cual Dios cumpliría Sus promesas (Gn 17:19).

Ahora piensa en lo que Dios le estaba pidiendo a Abraham. Aquí tenemos un dilema moral aparente. A partir de otros textos en el AT, es claro que Dios condena el sacrificio de niños en la ley (Dt 12:31; 18:10), en los profetas (como en Jer 7:31-32; Ez 16:20-21), especialmente, en relación con la adoración de Moloc (Lv 18:21; 21:6).

¿Cómo entonces, es que Dios podía pedir un sacrificio humano? Él tiene la prerrogativa de probar de acuerdo con Sus propósitos perfectos, los cuales vemos en el resto del pasaje, conforme Él muestra *Su* provisión de gracia en el carnero y las promesas de bendición por la obediencia de Abraham.

Aplicación: *Así es contigo, por irracional y difícil que te pueda parecer una prueba en tu vida, siempre es una expresión del amor de Dios.*

Él controla todo en tu vida, incluyendo las pruebas que coloca en tu vida.

Toda prueba que enfrentas es una expresión de Su amor perfecto diseñado para bendecirte, conforme obedeces.

– Ilustración/Aplicación

Desde la dificultad que enfrentas en confiar en Dios en ese problema de salud ... al desafío de amar a ese cónyuge o hijo o compañero de trabajo desobediente... al desafío de confiar en que Dios proveerá para ti, y no hacer nada pecaminoso, mientras que buscas un trabajo.

El Señor también usa esta prueba para mostrar la fe de Abraham como un ejemplo de verdadera fe salvadora para que generaciones futuras la imiten (Heb 11:17-19 —*Contexto*; Stg 2:21-23).

Evalúa tu vida a la luz de la vida de Abraham en este capítulo. Si eres un verdadero creyente, obedecerás a Dios como patrón de vida —aún cuando cueste hacerlo.

En el versículo 3 vemos la respuesta de Abraham al mandato de Dios: "Y Abraham se levantó muy de mañana". Cada vez que esta frase es usada en pasajes que tienen que ver con Abraham, apunta a su obediencia dispuesta (véase Gn 19:27; 20:8; 21:14; 28:18; 32:1; Éx 24:4).

En este caso él obedece el mandato de Dios de tomar y sacrificar a Isaac (v. 2), para lo cual él "enalbardó su asno, y tomó consigo dos siervos suyos, y a isaac su hijo; y cortó leña para el holocausto, y se levantó, y fue al lugar que Dios le dijo" (v. 3). En este punto, no podemos evitar el hacer ciertas preguntas que tienen que ver con Sara: ¿Abraham le dijo lo que estaba pasando? ¿Sabía ella? ¿Dónde estaba? El texto no responde estas preguntas porque se concentra en la prueba de Abraham (v. 1), no en Sara o Isaac. El NT confirma que la fe de Abraham es el punto (véase Heb 11:17-19; Stg. 2:21-23).

Algo de tiempo pasa entre el momento en el que Abraham, Isaac y los siervos se van, y el momento en el que llegan al lugar del sacrificio. Esto lo sabemos por lo que dice el versículo 4, obsérvenlo: "Al tercer día alzó Abraham sus ojos, y vio el lugar de lejos". ¿Qué significa el tercer día? ¿Qué estuvieron viajando tres días? Hay cuatro opciones. Se podría referir a porciones de días de viaje (como en Jonás 3:3), o a viajar en general (Gn 31:22; Jos 9:17; 1Sa 30:1). Como cuando decimos en nuestra época, "Voy y vengo". También se puede referir a un acontecimiento crítico (Gn 40:12-13) o, inclusive, al día de aniquilación (Lv 7:17-18). La manera más natural de entender la frase es tomarla como porciones de días de viaje. Especialmente, por la distancia que le tomó para ir de Beerseba (21:33) a la cordillera montañosa de Moriah.

Versículo cinco: "Entonces dijo Abraham a sus siervos: Esperad aquí con el asno, y yo y el muchacho iremos hasta allí y adoraremos, y volveremos a vosotros". La frase "adoraremos" apunta lo que el acto de obediencia de Abraham es —verdaderamente es un acto de adoración.

Hebreos 11:17-19 nos da un vistazo de lo que estaba en la mente de Abraham cuando instruyó a sus siervos: "Por la fe Abraham, cuando fue probado, ofreció a Isaac; y el que había recibido las promesas ofrecía su unigénito, habiéndosele dicho: En Isaac te será llamada descendencia; pensando que Dios es poderoso para levantar aun de entre los muertos, de donde, en sentido figurado, también le volvió a recibir".

"En otras palabras, Abraham fue más allá de las palabras de Job, cuando dijo, 'Jehová dio, y Jehová quitó' (Job 1:21) con su propia 'Jehová da, Jehová quita, y Jehová devuelve'".[287] De esta manera, el versículo 5 es un reflejo potente de su fe verdadera.

En el versículo seis, Abraham toma todas las herramientas necesarias para obedecer el mandamiento de Dios para sacrificar a Isaac: "Y tomó Abraham la leña del holocausto, y la puso sobre Isaac su hijo, y él tomó en su mano el fuego y el cuchillo". Como dijimos antes, este versículo muestra que Isaac tenía la edad suficiente como para poder cargar la leña.

El "fuego" se refiere a la fuente de fuego y "el cuchillo" se refiere a un instrumento grande que era usado para desmembrar cuerpos —incluyendo cuerpos humanos (Jue 19:29; Pr 30:14). Con estas herramientas en la mano de Abraham, el versículo 6 concluye diciendo: "y fueron ambos juntos". Esto indica que junto con los tres días hubo suficiente tiempo para que Abraham analizara el plan de matar a su hijo, pero no dudó en continuar en esta dirección de obediencia. *Aparentemente, no reconsideró.*

Conforme Abraham e Isaac caminaban juntos, Isaac le hace una pregunta a su padre. Ciertamente hay preguntas difíciles que los hijos le hacen a sus padres. Por ejemplo, ¿por qué murieron tantos niños en ese terremoto? ¿Por qué hay tantos niños pobres... muriendo de hambre? ¿Por qué Dios dejó que mi mamá muriera de cáncer?

---

[287] Hamilton, *The Book of Genesis: Chapters 18–50*, 108.

Pero aquí en el v. 7, encontramos lo que probablemente es la pregunta más difícil que un padre jamás ha escuchado, "Entonces habló Isaac a Abraham su padre, y dijo: Padre mío. Y él respondió: Heme aquí, mi hijo. Y él dijo: He aquí el fuego y la leña; mas ¿dónde está el cordero para el holocausto?".

¿Qué le habrías dicho a Isaac? ¿Dios me mandó matarte y cremarte? Si le hubiera dicho eso, Isaac probablemente hubiera huido... o se hubiera paralizado de temor... no sabemos. Pero la respuesta de Abraham a una pregunta tan difícil no solo muestra sabiduría, sino una confianza profunda en Dios (como lo vimos en el versículo 5). Versículo 8, "Y respondió Abraham: Dios se proveerá de cordero para el holocausto, hijo mío".

La frase "se proveerá" se traduce de una mejor manera "verá para Sí mismo". En el hebreo es una sola palabra. ESTA es la palabra clave de Génesis 22:1-19 (vv. 13, 14; usada dos veces), mostrando la provisión de Dios del animal para Abraham.

Aparentemente, Isaac queda satisfecho con la respuesta... al final del versículo 8, "E iban juntos". No sabemos lo que estaba pensando. Esto podría indicar su confianza en su padre y en Dios.

– La aprobación de la prueba (9-18)

Ahora que Abraham se ha preparado para la prueba en los versículos uno al ocho, veremos el segundo elemento de la prueba de Abraham que te muestra cómo honrar a Dios en las pruebas que enfrentas. Los versículos 9 al 18 presentan la aprobación de la prueba.

El versículo 9 nos acerca a la culminación del acto de obediencia con las siguientes palabras: "Y cuando llegaron al lugar que Dios le había dicho". La implicación de la frase es que Dios le dijo exactamente donde quería que Abraham sacrificara a Isaac. Una vez que está en el lugar que Dios le señaló, v. 9, "...edificó allí Abraham un altar, y compuso la leña, y ató a Isaac su hijo, y lo puso en el altar sobre la leña".

El hecho de que Abraham a su edad avanzada —aquí tiene más de cien años (21:5)— ató al joven sin resistencia alguna, es un comentario implícito de la sumisión de Isaac a su padre y podría apuntar a la fe de Isaac en Dios. Pero como lo explicamos hace un momento, la fe de Isaac no es el enfoque del capítulo, sino la de Abraham.

Aunque Abraham no ha mostrado vacilación en su preparación para su acto de obediencia, todavía no ha hecho lo que Dios le pidió: matar y quemar completamente a Isaac como una expresión de adoración a Dios (vv. 2, 5). Con todo listo para la prueba de obediencia por parte de Abraham, observa lo que sucede en el versículo 10. Este versículo presenta el momento culminante para el que los versículos 1 al 9 nos han estado preparando. Versículo 10: "Y extendió Abraham su mano, y tomó el cuchillo para degollar a su hijo". La manera en la que los versículos 9 y 10 presentan los pasos que Abraham toma, hasta llegar a tomar el cuchillo para degollar a su hijo en el versículo 10, nos llevan a un momento de suspenso. De esta manera estamos compartiendo con Abraham la angustia de la situación.

A partir del versículo diez, es claro que Abraham está planeando cumplir con el mandato de Dios del versículo 2. Ahora el versículo 11 presenta un momento decisivo en la narrativa: "Entonces el ángel de Jehová le dio voces desde el cielo, y dijo: Abraham, Abraham. Y él respondió: Heme aquí".

El hecho de que el Ángel repite el nombre de Abraham dos veces, muestra la urgencia del mandato que Él le da a Abraham en la primera parte del versículo 12: "Y dijo: No extiendas tu mano sobre el muchacho, ni le hagas nada".

En la segunda parte del versículo 12, el Ángel añade, "porque ya conozco que temes", esto eres tú Abraham, singular, independientemente de la obediencia ejemplar de Isaac", "temes a Dios". Temer a Dios de acuerdo con este texto, es obedecer a Dios sin retener ni siquiera lo que consideramos más preciado.

La última frase del versículo es una frase que presenta la evidencia de la devoción de Abraham: "por cuanto no me rehusaste tu hijo, tu único". Una vez que Dios detiene a Abraham de matar a Isaac, ¡Dios dice que Abraham pasó la prueba!

Versículo 13: "Entonces alzó Abraham sus ojos y miró, y he aquí a sus espaldas un carnero trabado en un zarzal por sus cuernos; y fue Abraham y tomó el carnero, y lo ofreció en holocausto en lugar de su hijo". Dios ahora trae un carnero sacrificial de manera providencial en el momento correcto, para que Abraham lo pueda presentar como un sustituto de Isaac. *Aquí vemos una prueba del beneficio de la muerte sustitutiva.*

– Aplicación

El Nuevo Testamento presenta el beneficio completo que recibimos como creyentes, debido a que Cristo murió en nuestro lugar (2Co 5:21). Así como Dios proveyó un carnero para que Abraham pudiera ofrecerlo a Dios en lugar de Isaac, así también Dios proveyó a Cristo para ofrecerlo en nuestro lugar. Nuestro Señor Jesucristo tomó el castigo que merecíamos —Él murió en nuestro lugar, como el sustituto perfecto.

El versículo 14 continúa, "Y llamó Abraham el nombre de aquel lugar, Jehová proveerá. Por tanto, se dice hoy: En el monte de Jehová será provisto". En el versículo 14, Abraham nombró el lugar en donde Dios proveyó el carnero, apuntando a que ocurrió una teofanía (como en el 12:7; 17:1; 18:1). Pero algo mucho más importante que la teofanía es que, como el comentarista Hamilton lo señala:

De manera apropiada Abraham nombra este lugar *Yahweh-yireh*, "Yahweh ve (o proveé)". Él no llama a este lugar "Abraham-shama" ("Abraham obedeció"). El nombre no llama la atención al papel de Abraham en la historia. De esta manera su parte en la historia no es conmemorada; sino que más bien está subordinada a la de Yahweh. El nombre solo enfatiza las acciones de beneficiencia por parte de Yahweh. El lector saldrá de esta historia más impresionado por la fidelidad de Dios que por la conformidad de Abraham. Este énfasis es confirmado por el hecho de que la siguiente frase, *Por tanto, se dice hoy,* saca el acontecimiento del tiempo de Abraham y lo proyecta al tiempo del narrador... De esta manera, la frase le da a la narrativa entera cierto aspecto atemporal. Es un testimonio de las provisiones de gracia de Dios.[288]

¡Así es en tu vida (1Co 10:13)! En toda prueba que enfrentas, Dios proveerá la gracia que necesitas para responder en obediencia y de esta manera, ¡disfrutarás de Su bendición por obedecer!

La importancia del acontecimiento es enfatizada por el "segundo" llamado del Ángel a Abraham en el versículo 15: "Y llamó el ángel de Jehová a Abraham por segunda vez desde el cielo".

Los versículos 16-18 presentan lo que el Ángel de Jehová le dijo a Abraham, comenzando la frase del v. 16, "y dijo: Por mí mismo he jurado, dice Jehová". Esta es la única referencia en Génesis en donde encontramos esta forma única de juramento, en la que Dios se obliga a Sí Mismo con *Su* propia persona a cumplir la promesa de los versículos 17-18.

La razón de dicho juramento es dada al final del versículo 16: que por cuanto has hecho esto, y no me has rehusado tu hijo, tu único hijo". Esto es, la obediencia de Abraham lleva a la bendición que Dios da en la promesa que vemos en los vv. 17-18: "de cierto te bendeciré, y multiplicaré tu descendencia como las estrellas del cielo y como la arena que está a la orilla del mar; y tu descendencia poseerá las puertas de sus enemigos. En tu simiente serán benditas todas las naciones de la tierra, por cuanto obedeciste a mi voz". Una vez más, el final del versículo 18 subraya que la obediencia de Abraham en este capítulo, ha llevado a Dios a pronunciar una promesa tan magnánima. Junto con el versículo 18, el resto del versículo 17 presenta varias promesas que Dios ya le había hecho al patriarca, pero aquí de una manera expandida (cp. 12:2; 15:5; 13:16; 18:18).

– Conclusión / aplicación

Observa que *lo que parecía ser una prueba irracional, cruel, fue una expresión del amor de Dios diseñada para bendecir a Abraham el adorador.*

---

[288] Hamilton, *The Book of Genesis: Chapters 18–50,* 113–14.

Aplicación:

- *Así es en tu vida: Dios traerá pruebas a tu vida* (Stg 1:2).
- *Y en ocasiones, pueden parecer irracionales y hasta crueles.*
- *Pero Dios te dará la gracia que necesitas para obedecerlo en la prueba* (1Co 10:13).
- *Y Dios usará esas pruebas para bendecirte espiritualmente, conforme eres obediente* (1Pe 5:10).

Un ejemplo del Nuevo Testamento

Nuestro ejemplo del Nuevo Testamento está basado en Mateo 10:28-31.

Notas exegéticas de Mateo 10:28-31

El contexto de Mateo 10:28-31 es el siguiente:

Primero, Jesús les dice a Sus discípulos que no teman a aquellos que lo llaman a Él y a ellos Belzebú [10:25], porque la verdad saldrá a la luz (v. 26). En segundo lugar, les dice que no teman a los que pueden matar el cuerpo, porque no pueden matar el alma (v. 28a). En tercer lugar, les dice que no teman, porque valen más que muchos pájaros, ninguno de los cuales cae a tierra sin la voluntad del Padre (vv. 29-31). Las primeras dos prohibiciones llevan a mandatos positivos —proclamar las enseñanzas de Jesús públicamente (v. 27) y temer a Dios, quien puede destruir el alma y el cuerpo en Gehenna (v. 28b). La tercera prohibición lleva a una afirmación positiva acerca de que Jesús confiesa a aquellos que lo confiesan y de negar a aquellos que lo niegan (vv. 32-33).[289]

Conforme consideramos el lugar de Mateo 10:28-31 en el contexto del discurso, es importante señalar que el texto:

está rodeado por todos lados por mandatos difíciles y profecías amenazadoras. Nuestro evangelista quiere colocarlas en perspectiva al ofrecer aliento (cp. la función de 6.25-34 y 7.7-11). A pesar del rechazo, la persecución, e inclusive el prospecto de muerte, el verdadero seguidor de Jesús sabrá que no necesita temer. Dios es el Señor soberano, y lo que enfrenta el que es de Dios de alguna manera debe estar dentro de *Su* voluntad. El camino del discipulado puede parecer un laberinto poderoso, pero no está sin plan. Más allá de esto, la vida terrenal no es lo que importa en últimas. Las cosas de la eternidad son los que cuentan. ¿Qué aprovechará el hombre si ganare todo el mundo, pero pierde su alma?[290]

---

[289] Robert H. Gundry, *Matthew: A Commentary on His Handbook for a Mixed Church under Persecution, Second Edition* (Grand Rapids: Eerdmans Publishing, 1994). Gundry, *Matthew*, 196.

[290] W.D. Gray Davies, and Dale C. Allison, *A Critical and Exegetical Commentary on the Gospel According to Saint Matthew*, ICC. 3 vols, (Edinburgh: T&T Clark, 1991), 2:202.

Por lo tanto, este texto fortalecería a los discípulos para enfrentar la persecución severa que involucraba el hecho de que estuvieran en la misión evangelística, a la que el Señor los estaba enviando en Mateo 10:5-42. A la luz de estos comentarios y los imperativos, los versículos 28-31 pueden ser divididos en dos secciones principales: los discípulos no debían temer a los hombres (28a), sino a Dios (28b-31).

En Mateo 10:28, el Señor continuó explicándole a los discípulos que lo que es visto a nivel terrenal no necesariamente es un indicador de la veracidad o la naturaleza eterna de un acontecimiento. Después de referirse a la revelación que se llevará a cabo en el juicio final de Dios (10:27), Él se concentró en el poder de Dios como es manifestado en el destino eterno de toda persona (10:28).[291]

La primera frase en el 10:28 hace referencia al martirio potencial[292] con las siguientes palabras: "Y no temáis a los que matan el cuerpo". En esta segunda repetición del mandato del versículo 26, el Señor se refiere a los mismos hombres de ese versículo en términos diferentes: esos perseguidores que podían matarlos. Dios puede permitir que una persona mate a otra persona. De hecho, Él puede permitir que Sus enemigos maten a Sus siervos fieles como es visto en Daniel 5:18-19; Apocalipsis 6:9-11; 11:4-7; 13:5-7; 17:6. No obstante, la expresión definitiva de odio la cual es el homicidio (cp. 1 Juan 3:12-15), puede lastimar a una persona no de manera absoluta sino limitada, porque los hombres "el alma no pueden matar" (10:28). Los hombres pueden matar la parte material de una persona, pero no pueden tocar la parte inmaterial de una persona. El "alma" ($\psi\upsilon\chi\grave{\eta}\nu$) se refiere al "alma sin cuerpo que puede sobrevivir muerte corporal y después volverse a unir a un cuerpo resucitado" —en línea con la enseñanza del Antiguo Testamento acerca del tema (por ej., Dn 12:2, 13; Jn 5:29).[293]

Mateo 10:28 cierra con la siguiente afirmación, "más bien" ($\delta\grave{\epsilon}$ $\mu\tilde{\alpha}\lambda\lambda\upsilon\nu$), esto es, en lugar de temer a los hombres, los discípulos debían temer "a aquel que puede destruir el alma y el cuerpo en el infierno". El Señor dio a los discípulos un mandato repetido varias veces a lo largo de las Escrituras: teman a Dios[294] (cp. Dt 17:14-20; Pr 1:7; 9:10; 2:3-5; Is 8:12-13; 66:1-

---

[291] Donald A. Hagner, *Matthew 1–13*. Vol. 33A of WBC (Nashville: Thomas Nelson Publishers, 1993), 286.

[292] Davies y Allison, *A Critical and Exegetical Commentary*, 205.

[293] *Ibid.*, 206. Véase también William Hendriksen, *Exposition of the Gospel According to Matthew*. NTC (Grand Rapids: Baker Books, 1973), para una explicación breve pero clara de cómo este pasaje apoya el hecho de que "los autores inspirados de la Biblia fueron dicotomistas" (470–71).

[294] Walvoord explica la frase "temed más bien a aquel que puede destruir el alma y el cuerpo en el infierno", al decir que, aunque "solo Dios tiene el poder de la muerte, la referencia aquí es a Satanás, cuyas actividades en últimas resultan en la destrucción tanto del alma como del cuerpo" (Walvoord, John F. *Matthew: Thy Kingdom Come.* Chicago: Moody Press, 1974, 77). Bruce también apoya esta postura al preguntar, "¿Acaso Cristo presentaría a Dios bajo este

2; Jer 32:39-40; Fil 2:12; Heb 12:28-29; 1Pe 2:12). La palabra "temed" (φοβεῖσθε) se refiere a una "reverencia temerosa y sumisión humilde"[295] —el temor que ellos tuvieran de Dios descartaría el temor que tuvieran de alguna cosa o alguna persona.

El Señor describió a Dios como "aquel que puede destruir el alma y el cuerpo en el infierno". La palabra "infierno" (γεέννη).

> viene de dos palabras hebreas, *Gei Hinnom*, que significan 'valle de Hinnom' o 'valle de lamentación' (en 2Re 23:10, 'valle de los niños —*hijos*— de Hinnom' o 'valle de los hijos de lamentación'). Este nombre fue aplicado al valle que estaba inmediatamente al sur de Jerusalén, empleado por algunos de los reyes que vinieron después para la adoración del ídolo Moloc (2Cr 28:3; 33:6; Jer 7:31)... Los niños eran quemados como sacrificios para él (Sal 106:38; Jer 7:31); pero no es seguro si eran quemados vivos o primero eran matados, lo anterior parece ser implicado por Ez 16:20; 23:37... Sin embargo, quemar niños como sacrificio a Moloc —prohibido ya en Lv 18:21; 20:2ss.— era una abominación horrenda; y cuando Josías la abolió determinó contaminar el valle de Hinnom (o lamentación) el cual había sido su escena, al hacerlo el receptáculo de los cadáveres de criminales y otra suciedad de la ciudad (2Re 23:10); y esta práctica continuó hasta el tiempo de nuestro Señor. Kimchi, un erudito judío eminente del siglo trece, dice en su Comentario de los Salmos que el fuego era mantenido ardiendo constantemente en Geihinnom para consumir toda la suciedad y los cadáveres... a partir de estas asociaciones repulsivas, Gehenna fue empleado de manera muy natural entre los judíos como una designación del lugar de tormento futuro; siendo usado así en [Mt] 5:29, 30; 10:28; 23:15, 33; Marcos 9:43, 45; Lucas 12:5; Santiago 3:6... La idea de fuego es una asociada de manera natural y frecuente con el tormento futuro (compara con el 25:41).[296]

Dios entonces tiene el poder para "destruir (ἀποκτεῖναι)" —apuntando al sufrimiento eterno (cp. 2Ts 1:9) de los impíos "en el infierno" (γεέννη). Este

---

aspecto en una conexión tan cercana al Padre que cuida incluso de los pajarillos? Lo que debe ser muy temido no es la condenación final, sino aquello que lleva a ella... el diablo" (véase "The Synoptic Gospels" in *The Expositor's Greek Testament*, 5 vols., ed. por W. Robertson Nicoll) (Grand Rapids: Eerdmans Publishing, 1976, 1:166). A la luz del contexto, no estoy de acuerdo con esa postura. El contexto inmediato del versículo se concentra en fortalecer a los discípulos para la persecución que enfrentarían al apuntarlos a temer a Dios, el cual ejerce control, poder y conocimiento perfecto sobre todo en el universo, incluyendo la persecución que los discípulos enfrentarían (cp. 10:28-31; ve Alford, *The Four Gospels*, 109). Además, como Carson señala, Santiago 4:12 está "en contra de identificar al que hay que temer como el Diablo. En ningún lugar el NT contiene un mandato a temer al Diablo (Plummer, Alfred. *An Exegetical Commentary on The Gospel According to S Matthew*) (Grand Rapids: Eerdman's Publishing, 1963, 155). Véase también M'Neile en apoyo de esta postura (M'Neile, Alan H. *The Gospel According to St Matthew* (New York: MacMillian, 1961, 145).

[295] Davies y Allison, *A Critical and Exegetical Commentary*, 207.

[296] Broadus, *Commentary*, 103–4.

sufrimiento eterno involucra "alma y cuerpo" (ψυχὴν καὶ σῶμα), lo cual hace referencia al sufrimiento consciente con un cuerpo de resurrección apto para el lago de fuego (Ap 20:11-15).[297]

Ningún ser angelical o humano tiene el poder para hacer esto —solo Dios (véase Ro 9:21-22; Ap 20:10-15). Esta afirmación poderosa apunta a la santidad, justicia, ira y poder de Dios para juzgar al incrédulo y a los ángeles malos en una eternidad de tormento.[298] También hace referencia a *Su* soberanía, porque Él tiene la última palabra sobre el destino final de todo ser como el Juez del universo (Gn 18:25). El versículo "presenta de manera clara que teológicamente la idea del temor de Dios está conectada a la soberanía de Dios. El consuelo para los discípulos yace... en el poder de Dios".[299]

En Mateo 10:26-28, el Señor confortó a los discípulos al mostrarles que Dios hará *Su* voluntad en el futuro y en el versículo 29, Él los alentó al explicarles que *Su* voluntad también era cumplida en el presente —incluso en los detalles más insignificantes, incluyendo todo lo que involucraba sus vidas y el sufrimiento que enfrentarían (10:16-25).

Mateo 10:29 afirma, "¿No se venden dos pajarillos por un cuarto? Con todo, ni uno de ellos cae a tierra sin vuestro Padre". Los "pajarillos" (στρουθία) "eran parte de la dieta de los pobres y, de todos los pájaros, eran los más baratos" como es visto en el costo de "dos" (δύο) de ellos: "un cuarto" (ἀσσαρίου), que era "una pequeña moneda romana de cobre que valía alrededor de 1/16 de un denario (el sueldo de un día; cp. 20:1-16)".[300]

Ni siquiera uno de estos pájaros baratos "cae a tierra sin vuestro Padre". El texto no es claro en especificar si esto significa que un pájaro joven cayó de su nido o si un pájaro adulto cae muerto conforme vuela o incluso si esto se refiere a la muerte de un pájaro metafóricamente.[301] El punto es que ningún detalle en la vida de un pájaro insignificante como estos es ignorado o está fuera de la voluntad del Padre como el término "sin" (ἄνευ).[302] Dios no solo es soberano sobre algo tan serio y de tan largo alcance como el destino eterno de un alma, sino también sobre algo tan insignificante y diminuto como la vida de un pájaro.

Al usar el término "vuestro Padre" (πατρὸς ὑμῶν), Él señaló que eran hijos de Dios; la excepción obvia era Judas (cp. Juan 17:12). Este es "un

---

[297] Davies y Allison, *A Critical Commentary*, 207.

[298] Véase Alford, *The Four Gospels*, 110.

[299] Luz, *Matthew 8–20*, 102.

[300] Hagner, *Matthew 1–13*, 286; Davies y Allison, *A Critical Commentary*, 207.

[301] Davies y Allison, *A Critical and Exegetical Commentary*, 208.

[302] Cuando es usada en personas, como en este caso, el término "sin" (ἄνευ) significa "sin el conocimiento y consentimiento de" (BDAG, 78). Este es el sentido en el que la mayoría de los exegetas entienden la frase, como es señalado por John Cook, "The Sparrow's Fall in Mat 10:29b.", *ZNW* 79 (1988): 138–44.

término de intimidad y cariño".[303] Esta afirmación habría añadido consuelo adicional a las verdades que ya eran alentadoras, presentadas en Mateo 10:26-29 —su Padre, Aquel con quien tenían una relación amorosa, era el Juez Omnipotente del universo cuya soberanía se extendía desde el destino eterno de un alma (10:28) a la vida de un pájaro común (10:29).

En el 10:30, el Señor continuó consolando a los discípulos al decirles, "Pues aun vuestros cabellos están todos contados". La palabra "aun" (καὶ) significa "incluso",[304] apuntando al conocimiento de Dios que incluía los detalles más pequeños en las vidas de los discípulos. El concepto de la cantidad de cabellos en la cabeza de una persona es usado en el Salmo 40:12 y 69:4 de algo que es innumerable, como Mateo 10:30 implica. Aquí el Señor alude a la omnisciencia perfecta de Dios. Él conoce perfectamente los detalles más pequeños de la vida de una persona (cp. Sal 139:1-6) —incluso el número de cabellos en la cabeza de una persona. Como en Job 38:37:

hay un contraste entre la omnisciencia de Dios y la ignorancia humana mediante el nombrar cosas que solo Dios puede contar. El efecto es consolación intelectual. Uno puede no entender los acontecimientos que enfrenta la humanidad y cómo pueden ser permitidos por la voluntad divina; pero si uno ni siquiera conoce el número de cabellos concretos en la cabeza mundana de uno, ¿cómo puede uno suponer que puede juzgar al Creador, quien va más allá de la comprensión? De manera semejante, Mt 10:30 recuerda [a los discípulos] que mientras que ellos no pueden entender los acontecimientos difíciles que enfretan y cómo pueden ser permitidos por la voluntad divina, el consuelo puede ser encontrado en esto, que Dios conoce lo que su pueblo no [conoce].[305]

De esta manera, "la pérdida de un solo cabello de la cabeza está tanto en las manos de Dios como la caída de un pájaro".[306]

En Mateo 10:31 el Señor concluyó el párrafo con la tercera repetición del mandato mencionado en los versículos 26 y 28: "Así que, no temáis; más valéis vosotros que muchos pajarillos". La idea es que, si Dios controla los detalles de la vida de un ave insignificante, ¿cuánto más los de las vidas de Sus hijos? Por lo tanto, los discípulos no debían temer a los hombres (v. 28). Incluso si los discípulos murieran como mártires, habría estado dentro del control y conocimiento de Dios. Los discípulos no debían temer a los

---

[303] Hagner, *Matthew 1–13*, 286.

[304] Davies y Allison, *A Critical and Exegetical Commentary,* 208.

[305] *Ibid.,* 209. Como fue explicado arriba, Davies y Allison señalan correctamente que el versículo no está tratando con la vigilancia de Dios y el cuidado, o con una prohibición a no tener cabello (*A Critical Commentary,* 209).

[306] Nolland, *The Gospel of Matthew,* 438.

hombres —cuyo poder es delegado y controlado por Dios (v. 28) —sino Al que conocía y controlaba todo detalle de sus vidas (vv. 29-31).

Mateo 10:31 alude a un principio importante que se encuentra a lo largo de las Escrituras: Dios le da más valor a la vida humana que a la vida animal porque solo el hombre ha sido creado a *Su* imagen (cp. Gn 9:5-6) y en el caso de Sus hijos, Él tiene una relación amorosa con ellos (Mt 10:29). Además, Dios le ha dado al hombre la creación para que la disfrute (Gn 1:28-30).

Diagrama de Mateo 10:28-31 con proposición exegética y bosquejo

Proposición exegética: Jesús da dos mandatos, relacionados con el temor, a los Discípulos.

    I. No teman a los hombres (28a)
    ²⁸ καὶ μὴ φοβεῖσθε ἀπὸ τῶν ἀποκτεννόντων τὸ σῶμα,
        τὴν δὲ ψυχὴν μὴ δυναμένων ἀποκτεῖναι·
    II. Teman a Dios (28b-31)
    φοβεῖσθε δὲ μᾶλλον τὸν δυνάμενον
    καὶ ψυχὴν
καὶ σῶμα   ἀπολέσαι ἐν γεέννῃ.
    ²⁹ οὐχὶ δύο στρουθία ἀσσαρίου πωλεῖται;
    καὶ ἓν ἐξ αὐτῶν οὐ πεσεῖται ἐπὶ τὴν γῆν
        ἄνευ τοῦ πατρὸς ὑμῶν.
    ³⁰ ὑμῶν δὲ καὶ αἱ τρίχες τῆς κεφαλῆς πᾶσαι
    ἠριθμημέναι εἰσίν.
    ³¹ μὴ οὖν φοβεῖσθε·
    πολλῶν στρουθίων διαφέρετε ὑμεῖς.

Notas del sermón de Mateo 10:28-31

El título de este sermón es: "Encontrando consuelo frente al temor".[307]

La vida en este mundo que está bajo la maldición de Génesis 3, está llena de peligros físicos y espirituales que nos pueden tentar al temor pecaminoso.

Puedes enfermarte y morir de muchas cosas. Incluso si haces todo lo posible por cuidar tu salud y tu bienestar físico, puedes morir debido al pecado de otros como ladrones, borrachos y todo tipo de pecadores. Y simplemente te puedes resbalar y lastimar y hasta morir.

---

[307] Las frases que aparecen en letras *inclinadas* en esta sección, indican que estas afirmaciones serían enfatizadas en la presentación del sermón. Véase el apéndice para el bosquejo del sermón.

Y encima de esto, enfrentamos peligros espirituales. Y este tipo de peligros son peores que los peligros físicos. Los falsos maestros, la falsa doctrina, la tentación a pecar, nuestros deseos pecaminosos... todo esto son peligros que amenazan nuestra vida espiritual.

Esto nos lleva a preguntar, ¿cómo encontramos consuelo frente al temor? Hoy vamos a responder a esta pregunta a partir de Mateo 10:28-31. Leamos juntos este gran pasaje.

Este texto es parte de las instrucciones que el Señor le dio a los doce apóstoles en en el 10:5-42, conforme los preparó para su primera misión evangelística. Cuando ellos oyen estas palabras, están en Galilea durante el segundo año de *Su* ministerio (28 d. C.). Parte de esa preparación para evangelizar, fue explicarles que sufrirían intensamente debido a la persecución, y fortalecerlos para enfrentar dicho dolor.

– Proposición

Y así como ellos, Mateo 10:28-31, el Señor te da dos mandamientos relacionados al temor, que te consuelan cuando enfrentas situaciones de temor.

– No temas al hombre (28a)

El primero es: no temas al hombre, como veremos en la primera parte del versículo 28. Nuestro Señor les dice, "Esto es lo que van a enfrentar en manos de sus perseguidores, versículos 16 al 25, pero, no les tengan miedo". La primera frase en el 10:28 alude al hecho de que podrían morir como mártires con las siguientes palabras: "Y no temáis a los que matan el cuerpo". ¿Quiénes son aquellos que matan el cuerpo? Los mismos hombres que él describió de los versículos 16 al 26. Aquellos que mostrarían su odio hacia los discípulos mediante persecuciones.

La persecución podría alcanzar un punto de muerte. Dios puede permitir que una persona mate a otra persona, de hecho, Él puede permitir que Sus enemigos maten a Sus siervos fieles como lo vemos en Daniel 5:18-19; Revelation 6:9-11; 11:4-7; 13:5-7; 17:6.

No obstante, la expresión definitiva de odio la cual es el homicidio (cp. 1 Juan 3:12-15) puede lastimar a una persona, no de una manera absoluta, sino limitada porque los hombres no pueden matar el alma (10:28). Los hombres pueden matar la parte material de una persona, pero no pueden tocar la parte inmaterial de ella. Esto es a lo que se refiere la palabra "alma", a esa parte del hombre que sobrevive la muerte y más adelante se une a un cuerpo de resurrección. Esto es a lo que aluden pasajes como Daniel 12:2 y 13 y Juan 5:29.

Aplicación/ilustración

Pensando en la situación actual en donde vives, podrías no estar tan preocupado por morir como un mártir por tu fe. Pero probablemente podrías llegar a estar preocupado por morir como víctima de un crimen o de la negligencia de alguien que maneja un auto.

Así como los discípulos, podemos identificarnos con el temor que ellos tenían de aquellos que podían matarlos.

Cuando estás en tu auto, en el autobús o caminando por la calle, podrías ver una persona sospechosa o peligrosa.

No debes temerles, porque el daño que pueden causarte es limitado, conocido y controlado por Dios. ¿Cómo sabemos esto? Observa la segunda parte del versículo 28, en donde encontramos el segundo mandamiento que necesitamos obedecer, para encontrar consuelo frente al temor.

– Teme a Dios (28b-31)

Mateo 10:28 cierra con la siguiente frase, "temed más bien, esto es, en lugar de temer a los hombres, los discípulos debian temer "a aquel que puede destruir el alma y el cuerpo en el infierno". El Señor les manda aquí a temer a Dios.

Algunos dicen que esto se refiere a Satanás, que sus actividades en últimas resultan en la destrucción del alma y el cuerpo. Pero esto es un error por tres razones. En primer lugar, el contexto inmediato del versículo se concentra en fortalecer a los discípulos para la persecución que enfrentarían al apuntarlos a temer a Dios. Él ejerce control, poder y conocimiento perfecto sobre todo en el universo, incluyendo la persecución que enfrentarían los discípulos. En segundo lugar, Santiago 4:12 va en contra de identificar al que debían temer como el Diablo. En tercer lugar, la Biblia no incluye un mandato a temer al Diablo.

El Señor les da a los discípulos un mandato repetido varias veces a lo largo de las Escrituras: teman a Dios (cp. Dt 17:14-20; Pr 1:7; 9:10; 2:3-5; Is 8:12-13; 66:1-2; Jer 32:3940; Fil 2:12; Heb 12:28-29; 1Pe 2:12). La palabra "temed" se refiere a una "reverencia temerosa y sumisión humilde".

Ahora escucha... la manera en la que evitas temer a los hombres, es al temer a Dios.

Observa que el Señor describe a Dios como "aquel que puede destruir el alma y el cuerpo en el infierno". La palabra "infierno" era usada entre los judíos para referirse al lugar de tormento futuro, como lo vemos en pasajes como Mt 5:29, 30; 10:28; 23:15, 33; 25:41, 46.

Entonces, Dios tiene el poder para "destruir" —apuntando al sufrimiento eterno de los impíos "en el infierno". Este sufrimiento eterno involucra "el alma y el cuerpo", lo cual hace referencia al sufrimiento consciente con un cuerpo de resurrección apto para el lago de fuego.

¿Puede un ser humano destruir en el infierno? ¡No! Muchos de ellos terminarán en el infierno, Romanos 9:21-22.

¿Puede un ser angelical... un demonio o Satanás mismo... destuir en el infierno? ¡No! Ellos terminarán en el infierno, Apocalipsis 20:10-15.

Ningún ser angelical o humano tiene el poder de castigar en el infierno. Solo Dios.

Esta afirmación poderosa apunta a la santidad, la justicia, la ira y el poder de Dios para juzgar a los incrédulos y a los ángeles malos en una eternidad de tormento.

También hace referencia a *Su* soberanía, porque Él tiene la última palabra sobre el destino eterno de todo ser como el Juez del universo, como lo vemos en Génesis 18:25. Esto apunta al hecho de que Dios JUZGARÁ al incrédulo en el futuro. En otras palabras, *Su* voluntad se cumplirá, porque Él es el soberano poderoso del universo.

En Mateo 10:28, el Señor consoló a los discípulos al mostrar que Dios hará *Su* voluntad en el futuro y en el versículo 29, Él los alienta al explicar que *Su* voluntad también es cumplida en el presente —incluso en los detalles más insignificantes, incluyendo todo lo que involucra sus vidas y el sufrimiento que enfrentarían (10:16-25).

Mateo 10:29 dice, "¿No se venden dos pajarillos por un cuarto? Con todo, ni uno de ellos cae a tierra sin vuestro Padre". Los "pajarillos" eran parte de la comida de los pobres. Eran tan baratos, que podías comprar dos pájaros por "un cuarto". ¿Cuánto era eso? ¡Eso era la dieciseisava parte del sueldo de un día!

El versículo 29 continúa. Ni siquiera uno de estos pájaros baratos "a tierra sin vuestro Padre". El texto no es claro en especificar si esto significa que un pájaro joven cayó de su nido o si un pájaro adulto cae muerto conforme vuela o incluso si esto se refiere a la muerte de un pájaro metafóricamente. La palabra "sin" significa sin el conocimiento o el consentimiento de.

El punto es que ningún detalle en la vida de un pájaro insignificante como estos es ignorado o está afuera de la voluntad del Padre.

Dios no solo es soberano sobre algo tan serio y de tan largo alcance como el destino eterno de un alma, sino también sobre algo tan insignificante y diminuto como la vida de un pájaro.

– Ilustración

Hace unos años, nuestros hijos y yo encontramos un pájaro muerto en el pasto, detrás de donde vivíamos. No sabíamos lo que le pasó a ese pájaro.

No sabíamos cómo había muerto ese pájaro, pero según este texto, ¡Dios sí sabe! Ese pájaro había muerto porque fue la voluntad de Dios que muriera, y ¡Dios sabe perfectamente cuaándo ese pájaro nació y cómo y cuándo ese pájaro murió!

De regreso en el versículo 29, encontramos una frase maravillosa: "vuestro Padre". ¿Por qué les recordó el Señor a los discípulos que el Padre de ellos, era el que conocía y controlaba el destino de esos pájaros baratos? Porque eso les habría recordado que ellos eran hijos de Dios —la excepción obvia era Judas (cp. Juan 17:12). Este es "un término de intimidad y cariño".

Esta afirmación habría añadido consuelo adicional a las verdades que ya eran alentadoras y que había presentado en Mateo 10:28-29 —el Padre de ellos, Aquel con quien tenían una relación amorosa, es el Juez Omnipotente del universo cuya soberanía se extiende desde el destino eterno de un alma, en el versículo 28, hasta la vida de un pájaro común, en el versículo 29.

– Aplicación

Escucha... lo mismo es verdad contigo. Como hijo de Dios, ¡tú disfrutas de una relación amorosa con el Juez soberano del universo!

En el 10:30, el Señor continúa consolando a los discípulos al decirles, "Pues aun vuestros cabellos están todos contados". La palabra "aun" significa "incluso". ¿Por qué es esto importante? Porque apunta al conocimiento de Dios que incluía los detalles más pequeños en las vidas de los discípulos. El concepto de la cantidad de cabellos en la cabeza de una persona es usado en el Salmo 40:12 y el 69:4 de algo que es incontable —como Mateo 10:30 implica.

Aquí el Señor hace referencia a la omnisciencia perfecta de Dios. Él conoce perfectamente los detalles más pequeños de la vida de una persona, como lo presenta el Salmo 139:1-6 —incluso los cabellos en la cabeza de una persona. Como un comentarista señala, en Job 38:37, tenemos un contraste entre la omnisciencia de Dios y la

ignorancia humana mediante el nombrar cosas que solo Dios puede contar. El efecto es consolación intelectual. Uno puede no entender los acontecimientos que enfrenta la humanidad y cómo pueden ser permitidos por la voluntad divina; pero si uno ni siquiera conoce el número de de cabellos concretos en la cabeza mundana de uno, ¿cómo puede uno suponer que puede juzgar al Creador, quien va más allá de la comprensión? De manera semejante, Mt 10.30 recuerda [a los discípulos] que mientras que ellos no pueden entender los acontecimientos difíciles que enfretan y cómo pueden ser permitidos por la voluntad divina, el consuelo puede ser encontrado en esto, que Dios conoce lo que su pueblo no [conoce].[308]

---

[308] *Ibid.*, 209. Como fue explicado arriba, Davies y Allison señalan correctamente que el versículo

Escucha, ¡Dios controla y conoce perfectamente cuando un ave cae y cuando uno de tus cabellos se cae!

¡Qué consolador! Particularmente para nosotros, "los pelones". Entre menos cabello tengo, ¡más consciente estoy de la soberanía de Dios! ¡A la luz de este texto, mi calvicie es una gran lección teológica... ¡cómo también para otros hermanos que comparten el mismo destino de mi cabello! ¡Puedo agradecerle a Dios porque eél conoce y controla cuántos cabellos perdí hoy!

En Mateo 10:31, el Señor concluye el párrafo con la tercera repetición del mandato mencionado en los versículos 26 y 28: "Así que, no temáis, más valéis vosotros que muchos pajarillos".

La idea es que, si Dios controla los detalles de la vida de un pájaro insignificante, ¿cuánto más los de las vidas de Sus hijos? Por lo tanto, los discípulos no tenían que temer a los hombres (v. 28). Incluso si los discípulos morían como mártires, habría estado dentro del control y conocimiento de Dios. Los discípulos no debían temer a los hombres —cuyo poder es delegado y controlado por Dios (v. 28)— sino al que conocía y controlaba todo detalle de sus vidas, versículos 29 al 31.

Por cierto, Mateo 10:31 hace referencia a un principio importante que se encuentra por todas las Escrituras: Dios le da más valor a la vida humana que a la vida animal porque solo el hombre ha sido creado a *Su* imagen, como dice Gn 9:5-6) y en el caso de Sus hijos, Él tiene una relación amorosa con ellos, como dice Mateo 10:29. Además, Dios ha dado la creación al hombre para que la disfrute, como lo vemos en Génesis 1:28-30).

Como creyentes tenemos la responsablidad de temer a Dios (Fil 2:12; Heb 12:28-29; 1Pe 2:12). Este temor es el resultado de estudiar y someterse a las Escrituras, como lo vemos en Dt 4:10; 31:12-13), como es reflejado en obediencia a Dios (Sal 4:4; Pr 16:5). Solo al temer a Dios podemos agradarle (Salmo 147:11) y conocer el gozo verdadero (Salmo 112:1) ... *incluso frente al dolor.*

– Conclusión / aplicación

Mateo 10:28 al 31 es una gran fuente de aliento para los creyentes —particularmente cuando están enfrentando situaciones de temor. Los principios del cuidado de Dios del creyente y *Su* cuidado sobre todo en el universo, no solo se enseñan en las epístolas del Nuevo Testamento como 1 Pedro 5:6-7, sino que el texto mismo muestra que, como alguien dijo:

> ...Lo que importa no es el dolor del presente sino el destino de uno en el mundo venidero... [pero] Dios es soberano [tanto ahora como en el futuro] ...entonces

---

no está tratando con la vigilancia de Dios y el cuidado o con una prohibición a no tener cabello (*A Critical Commentary*, 209).

sea lo que sea que pase debe, a pesar de todas las apariencias, de alguna manera estar dentro de su voluntad... [pero] ¿Cómo puede Dios ser el Señor soberano de este mundo con todos sus males y problemas? ... Uno debe, al final, seguir el camino tomado por Job y confesar la incapacidad humana para entender las profundidades. Dios es un misterio, y él conoce lo que sus criaturas no conocen. En eso debe encontrarse el consuelo... Dios cuida incluso del pajarillo. Por lo tanto, no hay necesidad de temer. La mano de Dios, aunque invisible, siempre está ahí.[309]

Al concluir este capítulo, recuerda que estos dos ejemplos no son presentados con la intención de que los sigas de manera estricta. Nuestra meta en este capítulo ha sido alentarte y recordarte cómo puedes implementar lo que hemos aprendido y repasado a lo largo de este libro.

---

[309] Davies y Allison, *A Critical and Exegetical Commentary*, 210–11.

Conclusión

Es posible que hayas estudiado antes los principios presentados en este libro. Pero también es posible que no sea el caso. De cualquier manera, todo esto tiene el propósito de alentarte a practicar lo que conoces.

Para practicar lo que hemos cubierto en este libro, tienes que trabajar duro. El esfuerzo que esto implica podría tentarte a caer o continuar con hábitos malos de estudio o de enseñanza y predicación.

Antes de que consideres mantener o regresar a esos hábitos malos, piensa en lo que Jay Adams señala apropiadamente conforme explica por qué él cree que hay predicación mala:

> [Después de escuchar] ... sermones y de hablar con cientos de predicadores acerca de la predicación, estoy convencido que la razón básica por la que hay predicación pobre es no invertir el tiempo y energía adecuados en la preparación. Muchos predicadores —quizás la mayoría— simplemente no trabajan el tiempo suficiente en sus sermones.[310]

Recuerda estas palabras antes de que trates la Escritura superficialmente en tu preparación y predicación. Y, sobre todo, recuerda que le darás cuentas a Dios por la manera en la que usas *Su* Palabra en tu ministerio. Esto es de lo que Pablo le advirtió a Timoteo en 2 de Timoteo 2:15: "Procura con diligencia presentarte a Dios aprobado, como obrero que no tiene de qué avergonzarse, que usa bien la palabra de verdad". El siguiente comentario de este versículo es una conclusión apropiada para este libro:

> El hombre que usa la palabra de verdad apropiadamente no la cambia, la pervierte, la mutila o la distorsiona, y tampoco la usa con un propósito equivocado en mente. Al contrario, él interpreta la Escritura en oración a la luz de la Escritura. Valiente pero amorosamente, aplica su mensaje glorioso a condiciones y circunstancias concretas, haciendo esto para la gloria de Dios, la conversión de pecadores y la edificación de creyentes.[311]

Que el Señor te aliente con estas palabras a recordar lo que has aprendido y a aplicar lo que has recordado mediante este libro.

---

[310] Jay E. Adams, "Editorial: Good Preaching is Hard Work", *TJPP* 4, n. 2 (1980), 1.
[311] Hendriksen y Kistemaker, *Pastoral Epistles,* 263.

Apéndice: muestras de bosquejos de sermones

Bosquejo de sermón para Génesis 22:1-18

Título: Enfrentando pruebas de fe.

Proposición: Dos elementos de la prueba de Abraham que te muestran cómo honrar a Dios en las pruebas que enfrentas.

   I.   La preparación de la prueba (1-8)
        A. El mandato para la preparación de la prueba (1-2)
        B. El viaje para la preparación de la prueba (3-5)
        C. Las herramientas para la preparación de la prueba (6-8)

   II. La aprobación de la prueba (9-18)
        A. La ejecución para la aprobación de la prueba (9-10)
        B. La certificación de la aprobación de la prueba (11-12)
        C. La provisión para la aprobación de la prueba (13-14)
        D. La bendición por la aprobación de la prueba (15-18)

Bosquejo de sermón para Mateo 10:28-31

Título: Encontrando consuelo al enfrentar temor.

Proposición: Dos mandatos para el temor de los Discípulos, que te consuelan frente al temor.

   I.   No temas al hombre (28a)
        A. El mandato a no temer al hombre (28a)
        B. Las razones para no temer al hombre (28a)
           1. El hombre solo puede matar el cuerpo (28a)
           2. El hombre no puede matar el alma (28a)

II. Teme a Dios (28b-31)
  A. El mandato a temer a Dios (28b)
  B. Las razones para temer a Dios (28b-31)
    1. Dios es eternamente poderoso (28b)
    2. Dios es siempre omnisciente (29)
    3. Dios es siempre soberano (29)
    4. Dios conoce los detalles de tu vida (30)
    5. Dios cuida de ti (31)

Bibliografía

Obras de referencia

Danker, Frederick William, ed. *The Greek-English Lexicon of the New Testament and Other Early Christian Literature.* 3ra ed. (BDAG). Chicago: The University of Chicago Press, 2000.

Ferguson, Sinclair B., David F. Wright y J. I. Packer. *New Dictionary of Theology.* Grand Rapids: InterVarsity Press, 1988.

Harrison, Everett F. *Introduction to the New Testament.* Rev. ed. Grand Rapids: Eerdmans Publishing, 1971.

Hartley, John E. En *Theological Wordbook of the Old Testament.* 2do volumen. Editado por R. Laird Harris, Gleason L. Archer, Jr., y Bruce K. Waltke, 2:765–66. Chicago: Moody Press, 1980.

Holladay, William L. *Concise Hebrew and Aramaic Lexicon of the Old Testament.* Grand Rapids: Eerdmans Publishing, 1978.

Kittel, Gerhard y Gerhard Friedrich, eds. *Theological Dictionary of the New Testament.* Traducido y resumido por Geoffrey W. Bromiley. Grand Rapids: Eerdmans Publishing, 1985.

Konkel, A. H. En *New International Dictionary of Old Testament Theology and Exegesis.* 5to volumen. Editado por Willem A. VanGemeren, 4:723–25. Grand Rapids: Zondervan Publishing, 1997.

Leupold, H. C. "Isaac". En *The Zondervan Pictorial Encylopedia of the Bible.* 5to volumen. Editado por Merrill C. Tenney, 3:310–13. Grand Rapids: Zondervan, 1976.

Lewis, Jack P. "בָּאַר" en *Theological Wordbook of the Old Testament.* Editado por Robert L. Harris, Gleason L. Archer y Bruce K. Waltke. 1:87 Chicago: Moody Press, 1980.

Osterhaven, M. E. "Covenant Theology". En *Evangelical Dictionary of Theology.* Editado por Walter A. Elwell. Grand Rapids: Baker Academic, 2001.

Robertson, Archibald Thomas. *Word Pictures in the New Testament.* Nashville: Broadman Press, 1931.

Smith, Jerome H. *The New Treasury of Scripture Knowledge*. Nashville: Thomas Nelson Publishers, 1992.

Thomas, Robert L., ed. *New American Standard Exhaustive Concordance of the Bible*. Nashville: Holman Publishing, 1981.

Vine, W. E., Merrill F. Unger y William White. *An Expository Dictionary of Biblical Words*. Nashville: Thomas Nelson Publishers, 1984.

Youngblood, Ronald F., ed. *Nelson's New Illustrated Bible Dictionary*. Nashville: Thomas Nelson Publishers, 1995.

Monografías y obras de varios autores

Alter, Robert. *The Art of Biblical Narrative*. New York: Basic Books, 1981.

Archer, Gleason L. *A Survey of Old Testament Introduction*. Rev. ed. Chicago: Moody Press, 2007.

Barrick, William D. e Irvin A. Busenitz. *A Grammar for Biblical Hebrew*. Sun Valley, CA: GBI Books, 2011.

Blomberg, Craig L. *Preaching the Parables: From Responsible Interpretation to Powerful Proclamation*. Grand Rapids: Baker Academic, 2004.

———. Robert L. Hubbard Jr. y William W. Klein. *Introduction to Biblical Interpretation*. Rev. ed. Nashville: Thomas Nelson Publishers, 1993.

Broadus, John A. *A Treatise on the Preparation and Delivery of Sermons*. New York: A. C. Armstrong and Son, 1894.

Bullinger, E. W. *Figures of Speech Used in the Bible: Explained and Illustrated*. Grand Rapids: Baker Books, 1968.

Carson, D. A. *Exegetical Fallacies*. 2ª ed. Grand Rapids: Baker Books, 1996.

Carter, Terry G., J. Scott Duvall y J. Daniel Hays. *Preaching God's Word: A Hands-on Approach to Preparing, Developing, and Delivering the Sermon*. Grand Rapids: Zondervan Publishing, 2005.

Chisolm, Robert B., Jr. *From Exegesis to Exposition: A Practical Guide to Using Biblical Hebrew*. Grand Rapids: Baker Books, 1998.

Cotter, David W. *Berit Olam*. Collegeville, MN: Liturgical Press, 2003.

Craddock, Fred. *As One Without Authority*. 4ª ed. Danvers, MA: Chalice Press, 2000.

Dana, H. E. y Julius R. Mantey. *A Manual Grammar of the Greek New Testament*. New York: MacMillian, 1957.

Davis, John J. *Paradise to Prison: Studies in Genesis.* Grand Rapids: Baker Books, 1975.

Duvall, J. Scott y J. Daniel Hayes. *Grasping God's Word: A Hands-on Approach to Reading, Interpreting, and Applying the Bible.* Grand Rapids: Zondervan Publishing, 2005.

Edersheim, Alfred. *The Life and Times of Jesus the Messiah.* Rev. ed. Peabody, MA: Hendrickson Publishers, 1993.

Fabarez, Michael. *Preaching that Changes Lives.* Nashville: Thomas Nelson Publishers, 2002.

Fee, Gordon D. *New Testament Exegesis: A Handbook for Students and Pastors.* 3ra ed. Louisville: Westminster John Knox, 2002.

———. y Douglas Stuart. *How to Read the Bible for all it's Worth: A Guide to Understanding the Bible.* 2ª ed. Grand Rapids: Zondervan Publishing, 1993.

Fokkelman, Jan. *Reading Biblical Narrative.* Leiderdop, Netherlands: Deo Publishing, 1999.

Galli, Mark y Craig Brian Larson. *Preaching That Connects: Using the Techniques of Journalists to Add Impact to Your Sermons.* Grand Rapids: Zondervan Publishing, 1994.

Gesenius, Friedrich Wilhelm. *Gesenius' Hebrew Grammar.* Editado por E. Kautzsch y Sir Arthur Ernest Cowley. 2ª ed. Oxford: Clarendon Press, 1910.

Gibson, Scott M., ed. *Preaching the Old Testament.* Grand Rapids: Baker Books, 2006.

Goldsworthy, Graeme. *Preaching the Whole Bible as Christian Scripture: The Application of Biblical Theology to Expository Preaching.* Grand Rapids: Eerdmans Publishing, 2000.

Grassmick, John. *Principles and Practice of Exegesis: A Classroom Manual.* Dallas: Dallas Theological Seminary, 1976.

Green, Joel B., y Michael Pasquarello III, eds. *Narrative Reading, Narrative Preaching: Reuniting New Testament Interpretation and Proclamation.* Grand Rapids: Baker Academic, 2003.

Greidanus, Sidney. *The Modern Preacher and the Ancient Text: Interpreting and Preaching Biblical Literature.* Grand Rapids: Eerdmans Publishing, 1989.

Hanna, Robert. *A Grammatical Aid to the Greek New Testament*. Grand Rapids: Baker Books, 1983.

Hayes, John H. y Carl R. Holladay. *Biblical Exegesis: A Beginner's Handbook*. Rev. ed. Atlanta: John Knox Press, 1987.

Johnson, Darrell W. *The Glory of Preaching: Participating in God's Transformation of the World*. Downers Grove: InterVarsity Press, 2009.

Johnson, Dennis E. *Him We Proclaim: Preaching Christ from All the Scriptures*. Phillipsburg, NJ: Presbyterian & Reformed, 2007.

Johnston, Graham. *Preaching to a Postmodern World*. Grand Rapids: Baker Books, 2001.

Joüon, Paul. *A Grammar of Biblical Hebrew*. Traducido y revisado por T. Muraoka. Rome: Pontifical Biblical Institute, 2006.

Kaiser, Walter C., Jr. *Toward an Exegetical Theology: Biblical Exegesis For Preaching and Teaching*. Grand Rapids: Baker Books, 1981.

———. *Preaching and Teaching from the Old Testament: A Guide for the Church*. Grand Rapids: Baker Academic, 2003.

Klein, George L., ed. *Reclaiming the Prophetic Mantle: Preaching the Old Testament Faithfully*. Nashville: Broadman Press, 1992.

Lloyd-Jones, D. Martyn. *Preaching and Preachers*. Grand Rapids: Zondervan Publishing, 1972.

Logan, Samuel T. Jr., ed. *The Preacher and Preaching*. Phillipsburg, NJ: Presbyterian and Reformed, 1986.

Longman, Tremper III. *How to Read Proverbs*. Downers Grove, IL: InterVarsity Press, 2002.

MacArthur, John F. y The Master's Seminary Faculty. *How to Preach Biblically*. Nashville: Thomas Nelson Publishers, 2005.

Machen, J. Gresham. *New Testament Greek for Beginners*. New York: Macmillan, 1951.

McDill, Wayne. *The 12 Essential Skills for Great Preaching*. Nashville: Broadman & Holman, 1994.

Montoya, Alex. *Preaching With Passion*. Grand Rapids: Kregel Publications, 2000.

Mounce, William D. *Basics of Biblical Greek: Grammar*. 2ª ed. Grand Rapids: Zondervan Publishing, 2003.

Old, Hughes Oliphant. *The Reading and Preaching of the Scriptures in the Worship of the Church*. Vol. 1 of The Biblical Period. Grand Rapids: Eerdmans Publishing, 1998.

Osborne, Grant R. The Hermeneutical Spiral. Downers Grove, IL: Inter-Varsity Press, 2006.

Packer, J. I., y Merrill C. Tenney, eds. *Illustrated Manners and Customs of the Bible*. Nashville: Thomas Nelson Publishers, 1997.

Pagitt, Doug. *Preaching Re-Imagined*. Grand Rapids: Zondervan Publishing. 2005.

Pink, Arthur W. *Gleanings in Genesis*. New York: Our Hope, 1922.

Putnam, Frederic Clarke. *Hebrew Bible Insert: A Student's Guide*. 2da ed. Quakertown, PA: Stylus Publishing, 2002.

Ramesh, Richard. *Preparing Expository Sermons: A Seven-Step Method for Biblical Preaching*. Grand Rapids: Baker Books, 2001.

Ramm, Bernard. *Protestant Biblical Interpretation*. Grand Rapids: Baker Books, 1970.

Robinson, Haddon W. *Biblical Preaching: The Development and Delivery of Expository Messages*. 2ª ed. Grand Rapids: Baker Academic, 2001.

Ryken, Leland y Todd A. Wilson, eds. *Preach the Word: Essays on Expository Preaching in Honor of R. Kent Hughes*. Wheaton: Crossway Books, 2007.

———. y Tremper Longman III, eds. *A Complete Literary Guide to the Bible*. Grand Rapids: Zondervan Publishing, 1993.

Sandy, D. Brent and Ronald L. Giese, Jr., eds. *Cracking Old Testament Codes: A Guide to Interpreting the Literary Genres of the Old Testament*. Nashville: Broadman & Holman, 1995.

Sarna, Nahum. *Understanding Genesis*. Melton Research Center Series: The Heritage of Biblical Israel. Repr. New York: Shocken Books, 1978.

Stein, Robert H. *Playing by the Rules: A Basic Guide to Interpreting the Bible*. Grand Rapids: Baker Books, 1994.

Stott, John R. W. *Between Two Worlds: The Art of Preaching in the Twentieth Century*. Grand Rapids: Eerdmans Publishing, 1982.

Strickland, Wayne G., ed. *The Law, the Gospel, and the Modern Christian: Five Views*. Grand Rapids: Zondervan Publishing, 1993.

Stuart, Douglas. *Old Testament Exegesis: A Handbook for Students and Pastors.* 3ª ed. Louisville: Westminster John Knox Press, 2001.

Terry, Milton S. *Biblical Hermeneutics: A Treatise on the Interpretation of the Old and New Testaments.* Repr. Eugene: Wipf and Stock, 2003.

Thomas, Robert L. *Evangelical Hermeneutics: the New Versus the Old.* Grand Rapids: Kregel Publications, 2002.

Torrey, R. A. *The Treasury of Scripture Knowledge.* Nashville: Thomas Nelson Publishers, 2002.

Unger, Merrill F. *Principles of Expository Preaching.* Grand Rapids: Zondervan Publishing, 1970.

Vines, Jerry y Jim Shaddix. *Power in the Pulpit.* Chicago: Moody Publishers, 1999.

Wallace, Daniel B. *Greek Grammar Beyond the Basics: Exegetical Syntax of the New Testament.* Grand Rapids: Zondervan Publishing, 1999.

Waltke, Bruce K. y M. O'Connor. *An Introduction to Biblical Hebrew Syntax.* Winona Lake, IN: Eisenbraun, 1990.

Willhite, Keith. *Preaching With Relevance.* Grand Rapids: Kregel Publications, 2001.

Zinsser, William. *On Writing Well: The Classic Guide to Writing Nonfiction.* New York: Harper Collins, 2006.

Teologías sistemáticas

Berkhof, Louis. *Systematic Theology.* Grand Rapids: Eerdman's Publishing, 1996.

Chafer, Lewis S. *Systematic Theology.* Editado por John F. Walvoord. Wheaton: Victor Books, 1988.

Erickson, Millard J. *Christian Theology.* 2ª ed. Grand Rapids: Baker Books, 1998.

Grudem, Wayne. *Systematic Theology.* Grand Rapids: InterVarsity Press, 1994.

Comentarios

Alford, Henry. "The Four Gospels" En *The Greek Testament.* 4 vols. Editado por Everett F. Harrison. 1:1–308. Chicago: Moody Press, 1958.

Breneman, Mervin. *Ezra, Nehemiah, Esther.* Vol. 10 de New American Commentary. Nashville: Broadman & Holman, 1993.

Broadus, John A. *Commentary on Matthew*. Grand Rapids: Kregel Publications, 1990.

Bruce, Alexander A. "The Synoptic Gospels" En *The Expositor's Greek Testament*. 5 vols. Editado por W. Robertson Nicoll. 1:61–340. Grand Rapids: Eerdmans Publishing, 1976.

Bruce, F. F. *The Book of the Acts*. Rev. ed. The New International Commentary on the New Testament. Grand Rapids: Eerdmans Publishing, 1988.

Calvin, John. *Commentaries on the First Book of Moses*. Traducido por John King. Grand Rapids: Eerdmans Publishing, n/d.

Carson, Donald. "Matthew" en *Expositor's Bible Commentary*. 12 vols. Editado por Frank E. Gaebelein, 8:1–599. Grand Rapids: Zondervan Publishing, 1984.

Davies, W. D. Gray y Allison, Dale C. *A. Critical and Exegetical Commentary on the Gospel According to Saint Matthew*, International Critical Commentary. 3 vols, 2:160–233. Edinburgh: T&T Clark, 1991.

Durham, John I. *Exodus*. Vol. 3 de Word Biblical Commentary. Nashville: Thomas Nelson Publishers, 1987.

Ellingworth, Paul. *The Epistle to the Hebrews: A Commentary on the Greek Text*. New International Greek Testament Commentary. Grand Rapids: Eerdmans Publishing, 1993.

Exell, Joseph S. *Genesis*. The Biblical Illustrator. Repr. Grand Rapids: Baker Books, 1958.

Garland, David E. *1 Corinthians*. Baker Exegetical Commentary on the New Testament. Grand Rapids: Baker Academic, 2003.

Gundry, Robert H. *Matthew: A Commentary on His Handbook for a Mixed Church under Persecution, Second Edition*. Grand Rapids: Eerdmans Publishing, 1994.

Guthrie, Donald. *New Testament Introduction*. Downers Grove, IL: InterVarsity Press, 1990.

Hagner, Donald A. *Matthew 1–13*. Vol. 33. A of Word Biblical Commentary. Nashville: Thomas Nelson Publishers, 1993.

Hamilton, Victor P. *The Book of Genesis: Chapters 18–50*. New International Commentary on the Old Testament. Grand Rapids: Eerdmans Publishing, 1995.

Hendriksen, William. *Exposition of the Gospel According to Matthew*. New Testament Commentary. Grand Rapids: Baker Books, 1973.

————. y Simon J. Kistemaker. *Exposition of the Pastoral Epistles*. Vol. 4 del New Testament Commentary. Grand Rapids: Baker Books, 2002.

Keener, Craig S. *Revelation*. NIV Application Commentary. Grand Rapids: Zondervan Publishing, 2000.

Keil, Carl F. y Franz Delitzsch. *Commentary on the Old Testament*. Peabody: Hendrickson Publishers, 1996.

Leupold, H. C. *Exposition of Genesis*. 2 Vols. Repr. Grand Rapids: Baker Books, 1970.

Luz, Ulrich. *Matthew 8–20*. Hermeneia. Minneapolis: Fortress Press, 2001.

MacArthur, John F. *2 Timothy*. MacArthur New Testament Commentary. Chicago: Moody Press, 1995.

————. *Matthew 8-15*. MacArthur New Testament Commentary. Chicago: Moody Press, 1987.

Mathews, Kenneth. *Genesis 11:27–50:26*. New American Commentary 1B. Nashville: Broadman & Holman Publishers, 2005.

Merrill, Eugene H. *Deuteronomy*. Vol. 4 del New American Commentary. Nashville: Broadman & Holman, 1994.

Moo, Douglas J. *The Epistle to the Romans*. The New International Commentary on the New Testament. Grand Rapids: Eerdmans Publishing, 1996.

Mounce, William D. *Pastoral Epistles*. Vol. 46 del Word Biblical Commentary. Nashville: Thomas Nelson Publishers, 1993.

Nolland, John. *The Gospel of Matthew: A Commentary on the Greek Text*. New International Greek Testament Commentary. Grand Rapids: Eerdmans Publishing, 2005.

Plummer, Alfred. *An Exegetical Commentary on The Gospel According to Saint Matthew*. Grand Rapids: Eerdmans Publishing, 1963.

Sailhamer, John H. "Genesis" en *The Expositor's Bible Commentary*. 12 volumes. Editado por Frank E. Gaebelein, 2:1–284. Grand Rapids: Zondervan Publishing, 1990.

Sarna, Nahum M. *Genesis*. JPS Torah Commentary. Philadelphia: Jewish Publication Society, 1989.

Skinner, John. *A Critical and Exegetical Commentary on Genesis*. International Critical Commentary. 2ª ed. Edinburgh: T. & T. Clark, 1994.

Von Rad, Gerhard. *Genesis.* Traducido por John H. Marks. Old Testament Library Philadelphia: Westminster Press, 1961.

Walton, John H. *Genesis.* NIV Application Commentary. Grand Rapids: Zondervan Publishing, 2001.

Walvoord, John F. *Matthew: Thy Kingdom Come.* Chicago: Moody Press, 1974.

———. y Roy B. Zuck, eds. *The Bible Knowledge Commentary: An Exposition of the Scriptures.* Wheaton: Victor Books, 1985.

Wenham, Gordon J. *Genesis 16–50.* Word Biblical Commentary 2. Waco, TX: Word Books, 1994.

Westermann, Claus. *Genesis 12–36: A Commentary.* Traducido por John J. Scullion. Minneapolis: Augsburg Publishing House, 1985.

Youngblood, Ronald. *The Book of Genesis.* Repr. Grand Rapids: Baker Books, 1991.

Artículos de publicaciones periódicas

Adams, Jay E. "Editorial: Good Preaching is Hard Work", *The Journal of Pastoral Practice* 4, N. 2 (1980): 1.

Bar-Efrat, Shimon. "Some Observations on the Analysis of Structure in Biblical Narrative". *Vetus Testamentum* 30 (1980): 165.

Barrick, William D. "Exegetical Fallacies: Common Interpretive Mistakes Every Student Must Avoid". *The Master's Seminary Journal* 19, N. 1 (Spring 2008): 15–27.

Boehm, Omri. "The Binding of Isaac: An Inner Biblical Polemic on the Question of 'Disobeying' a Manifestly Illegal Order". *Vetus Testamentum* 52, n. 1 (2002): 1–12.

Brock, Sebastian. "Genesis 22: where was Sarah?". *The Expository Times* 96, n. 1 (1984): 14–17.

Busenitz, Irvin A. "Introduction to the Biblical Covenants: The Noahic Covenant and the Priestly Covenant". *The Master's Seminary Journal* 10, N. 2 (Fall 1999): 182–3.

Coats, George W. "Abraham's Sacrifice of Faith". *Interpretation* 27, n. 4 (1973): 389–400.

Collins, John J. "Introduction: Towards the Morphology of a Genre". *Semeia* 14 (1979): 1.

Cook, John G. "The Sparrow's Fall in Matthew 10:29b". *Zeitschrift für die neutestamentliche Wissenschaft* 79 (1988): 138–44.

Daly, Robert J. "The Soteriological Significance of the Sacrifice of Isaac". *Catholic Biblical Quarterly* 34, n. 1 (Enero 1977): 45–75.

Fretheim, Terence E. "God, Abraham, and the Abuse of Isaac". *Word & World* 15, n. 1 (Winter 1995): 49–57.

Gerstenberger, E. "Covenant and Commandment". *Journal of Biblical Literature* 84 (1965): 46.

Giese, Ronald L. Jr. "Strophic Hebrew Verse as Free Verse". *Journal for the Study of the Old Testament* 61 (1994): 29–38.

Hayward, C. T. R. "The Sacrifice of Isaac and Jewish Polemic Against Christianity". *Catholic Biblical Quarterly* 52, n. 2 (Abril 1990): 292–305.

Houston Walter, "What Did the Prophets Think They Were Doing? Speech Acts and Prophetic Discourse in the Old Testament". *Biblical Interpretation* 1 (1993): 167.

Hurowitz, V. "The Priestly Account of Building the Tabernacle" *Journal of the American Oriental Society* 105 (1985): 21–30.

Kalimi, Isaac. "The Land of Moriah, Mount Moriah, and the Site of Solomon's Temple in Biblical Historiography". *Harvard Theological Review* 83, n. 4 (1990): 345–62.

Longman, Tremper III. "Form Criticism, Recent Developments in Genre Theory, and the Evangelical". *Westminster Theological Journal* 47 (1985): 46–67.

Moltz, Howard. "God and Abraham in the Binding of Isaac". *Journal for the Study of the Old Testament* 96 (Deciembre 2001): 59–69.

Osborne, Grant. "Genre Criticism—Sensus Literalis". *Trinity Journal* 4, n. 2 (Fall 1983): 9–16.

Patrick, D. "Casuistic Law Governing Primary Rights and Duties". *Journal of Biblical Literature* 92 (1973): 180–181.

Pierce, R. W. "Covenant Conditionality and a Future for Israel". *Journal of the Evangelical Theological Society* 37 (1994): 27–38.

Stein, R. H. "Is Our Reading the Bible the Same as the Original Audience's Hearing It?". *Journal of the Evangelical Theological Society* 46 (2003): 63–78.

Tucker, G. M. "Covenant Forms and Contract Forms". *Vetus Testamentum* 15 (1965): 500.

Yang, Andrew S. "Abraham and Isaac, Child Abuse and Martin Luther". *Lutheran Quarterly* 19, n. 2 (Verano 2005): 153–66.

Zuck, Roy B. "The Role of the Holy Spirit in Hermeneutics". *Bibliotheca Sacra* 141 (1984): 120–30.

RECURSOS DISPONIBLES EN ESPAÑOL

Los siguientes recursos de la Bibliografía (arriba) están disponibles en español.

Obras de referencia

Kelley, Page H. *El Hebreo Bíblico: Una Gramática Introductoria*. Grand Rapids, MI: Wm. B. Eerdmans Publishing Co., 1992. Edición digital en Biblioteca LOGOS.

Kittel, Gerhard y Gerhard Friedrich, eds. *Compendio del Diccionario Teológico del Nuevo Testamento*. Grand Rapids: Libros Desafío, 2002.

Harrison, Everett F. *Introducción al Nuevo Testamento*. Grand Rapids: Libros Desafío, 1999.

Robertson, Archibald Thomas. *Comentario al Texto Griego del Nuevo Testamento*. Barcelona: CLIE, 2003.

Smith, Jerome H. *El Tesoro del Conocimiento Bíblico*. Bellingham: LOGOS Research Systems, 2009.

Vine, W. E. *Diccionario Expositivo de Palabras del Antiguo y Nuevo Testamento Exhaustivo*. Nashville: Thomas Nelson Publishers, 2007.

Youngblood, Ronald F., ed. *Nuevo Diccionario Ilustrado de la Biblia*. Nashville: Thomas Nelson Publishers, 1998.

Monógrafos y obras de autores múltiples

Archer, Gleason L. *Reseña Crítica de una Introducción al Antiguo Testamento*. Grand Rapids: Editorial Portavoz, 1987.

Bullinger, E. W. *Diccionario de Figuras de Dicción Usadas en la Biblia*. Barcelona: CLIE, 1985.

Dana, H. E. y Julius R. Mantey. *Gramática Griega del Nuevo Testamento*. El Paso: Casa Bautista de Publicaciones, 1997.

Duvall, J. Scott y J. Daniel Hayes. *Hermenéutica: Entendiendo la Palabra de Dios*. Barcelona: CLIE, 2008.

Edersheim, Alfred. *La Vida y los Tiempos de Jesús el Mesías*. 2 vols. Barcelona: CLIE, 1988.

Hanna, Robert. *Ayuda Gramatical para el Estudio del Nuevo Testamento Griego*. El Paso: Casa Bautista de Publicaciones, 2001.

Lloyd-Jones, D. Martyn. *La predicación y los predicadores*. Barcelona: Editorial Peregrino, 2003.

MacArthur, John F., y la Facultad de The Master's Seminary. *La Predicación: Cómo Predicar Bíblicamente*. Nashville: Thomas Nelson Publishers, 2009.

Machen, J. Gresham. *Griego del Nuevo Testamento*. Nashville: Editorial VIDA, 2003.

Montoya, Alex. *Predicando con pasión*. Grand Rapids: Editorial Portavoz, 2003.

Packer, J. I. y Merrill C. Tenney, eds. *Usos y Costumbres de la Biblia: Manual Ilustrado Revisado y Actualizado*. Nashville: Thomas Nelson Publishers, 2009.

Putnam, Frederic Clarke. *Clave Putnam La Biblia Hebrea: Guía Estudiantil: La Sintaxis del Hebreo Bíblico*. Bellingham: LOGOS Research Systems, 2002.

Stott, John R. W. *La Predicación: Entre Dos Mundos*. Grand Rapids: Libros Desafío, 2000.

Teologías sistemáticas

Berkhof, Louis. *Teología Sistemática*. Grand Rapids: Libros Desafío, 1995.

Chafer, Lewis S. *Teología Sistemática*. Barcelona: CLIE, 2010.

Erickson, Millard J. *Teología Sistemática*. Barcelona: CLIE, 2009.

Grudem, Wayne. *Systematic Theology*. Nashville: Editorial VIDA, 2009.

Comentarios

Carson, Donald. *Mateo*. Nashville: Editorial VIDA, 2009.

Keil, Carl F. y Franz Delitzsch. *Comentario al Texto Hebreo del Antiguo Testamento*. Vol. 1. Barcelona: Editorial CLIE, 2008.

Hendriksen, William. *El Evangelio Según San Mateo*. Comentario del Nuevo Testamento. Grand Rapids: Libros Desafío, 2003.

———. *1, 2 Timoteo y Tito*. Comentario del Nuevo Testamento. Grand Rapids: Libros Desafío, 2001.

Obras no publicadas

Barrick, William D. e Irvin A. Busenitz. *Una Gramática para Hebreo Bíblico.* Seminario Bíblico Palabra de Gracia. México, 2010.

Grauman, Josiah. "Griego para Pastores: Una Gramática Introductoria". Seminario Bíblico Palabra de Gracia, Mexico, 2007.

DESCARGA
GRATUITA

Editorial **CLIE**

Como muestra
de gratitud por su compra,

visite www.clie.es/regalos
y descargue gratis:

*"Los 7 nuevos descubrimientos sobre
Jesús que nadie te ha contado"*

Código:

DESCU24